新しい道徳

藤原和博 Fujihara Kazuhiro

★——ちくまプリマー新書
072

目次 ＊ Contents

第三章　「いじめ問題」を通して、大人の思考停止状態を斬る！……89

本文イラスト　花くまゆうさく

はじめに

この本は、「成熟社会」にふさわしい「新しい道徳観」を模索《もさく》するために、その第一歩として書かれた。

読者には、耳の痛いこともあるかもしれないが、まずは怒《おこ》らずに読んでほしい。

「仕事のできる人は、歩きながらケータイでベチャクチャ話したりはしない」

「友人の多い人は、電車のなかでメール画面を見てニタニタしたりもしない」

「優《すぐ》れたテレビ演出家は、テレビを見ない」

「テレビで情報を発信している人たちは、総じて本を読む」

「品のいい人は、ブランドものの新品をこれ見よがしに身につけたりしない」

「それより、さりげなく、古いものを大事にしている。古い友情も、お年寄りも」

こんな簡単なことを、どうして教えてあげていないのかなあ、ということが著者には不思議に思えた。いずれも情報化し、多様化した「成熟社会」を生き抜《いぬ》くのに必要な「道徳」なのに……。

それが、この本を書いた動機である。

『広辞苑《こうじえん》』で「道徳」を引くと、次のような定義が出てくる。

「人のふみ行うべき道。ある社会で、その成員の社会に対する、あるいは成員相互《そうご》間の行為《こうい》の善悪を判断する基準として、一般《いっぱん》に承認《しょうにん》されている規範《きはん》の総体。法律のような外面的強制力を伴《ともな》うものでなく、個人の内面的な原理。今日では、自然や文化財や技術品など、事物に対する人間の在るべき態度もこれに含《ふく》まれる」

「道徳」というものが「善悪」だけを判断する基準だとすれば、最初に挙げた例は「道徳」ではなく「マナー」に過ぎないと言われてしまうかもしれない。でも、後半に書かれている「事物に対する人間の在るべき態度」をも含むのであれば、やはり、新しい時代の「道徳」だと言ってかまわないだろう。

「道徳」は「美意識」を含むのである。

だとすれば、ケータイやテレビのようなメディアに対する態度や、ブランドに対する美意識こそ、「新しい道徳」に含まれなければならない。

「古い道徳観」では、『ウサギとカメ』の話ではカメがいつも「正解」だった。『アリとキリギリス』ではアリが「正解」であったように。

しかしながら、複雑で、変化が激しい「成熟社会」では、そうとは限らなくなる。その種明かしを先に読みたい人は、「あとがきにかえて」から先に読むといい。「成熟社会」ではむしろ「正解」より、議論し、試行錯誤《しこうさくご》した先にたどり着く「納得解《なっとくかい》」の方が大事になるからだ。「納得解」というキーワードの意味は本文に委《ゆだ》ねる。

政治家や官僚《かんりょう》の間には、いまだに「成長社会」の感覚から抜け出せない方々が多数おられるようで、「道徳」の教科化という政策を出したはいいが、その中身は相変わらず「正解主義」から一歩も出ていない。

「成熟社会」では、感情的に押《お》し付《つ》けられた「古い道徳観」より、議論することで理性的に納得した知恵《ちえ》のほうが「新しい道徳観」として身に付く結果になる。

だから、子どもへの教育の仕方も変わるはずだ。旧来型の「道徳」の教科化より、「理性の運用技術」すなわち「リテラシー」教育を強化しなければならない。

日本の大人のとる行動は、旧来からの道徳的な感受性のツボにはまると、マスコミの論調に後押しされながら、いつも感情的な帰結を求めるクセがある。これは、多くの大人が、感情的な「道徳」は学んでいるが、「理性の運用技術」を十分に学んでいないからである。学んでいないのが悪いのではない。学校では教えてくれなかったはずだから、致《いた》し方《かた》ないのだ。ここ数年の例で言えば、「学力問題」や「いじめ問題」が典型的だった。

本書では、この二つの問題をもう一度取り上げることで、なにが本質的な問題なのかを明快にしてみたい。そして、この思考実験を通して、新しい時代の「道徳」のあり方にも一石を投じてみようと思う。

最後に、「男と女」「大人と子ども」「新しいものと古いもの」「夢と自由」そして「病気とクスリ」など、「成熟社会」には価値葛藤《かつとう》の起こる問題を論じることで、「新しい道徳観」のさらなる発見につなげたい。学校の授業で使えるディベートのネタにもなるだろう。

本書の構成をまとめると、第一章ではメディアとの関係性、第二章、第三章ではそれぞれ学力といじめ、そして第四章では現代社会のそのほかの諸問題を論じる。結果として日本の社会に蔓延《まんえん》する「思考停止状態」を解除できれば嬉《うれ》しい。

なぜ「思考停止」に陥《おちい》っているかといえば、「古い道徳観」による感情的な決め付けから大人たちが抜け出せないでいるからだ。

子どもたちには断じて、この傾向《けいこう》を伝染《でんせん》させてはならない。

なにより感情論だけの「古い道徳観」から、理性に裏打ちされた「新しい道徳観」へのシフトチェンジが、いま、日本には必要なのである。

第一章　新宗教「ケータイ・テレビ・ブランド」教から自由になる

症状《しょうじょう》1　ケータイ依存症《いぞんしょう》

ケータイとにらめっこ

あなたがもしケータイを常用していて「とくに用事がなくてもメールを送るクセがある」「メールが来たらなるべく早く返信しなければと思う」「着信にすぐ気付くようにケータイを身近に置いておかないと不安」という項目《こうもく》に当てはまる人なら、ちょっと危ない。

すでにケータイと言うクスリを飲まなければ生きられない中毒にかかっている可能性があるからだ。「ケータイ依存症」である。即《そく》「病気」とはいわないが「中毒」だから、けっこうヤバい。

帝塚山《てづかやま》学院大学の香山《かやま》リカ教授とNTTドコモモバイル社会研究所の調査では、「することがないとき、とりあえず開く」「朝起きたら、まず見る」「家に忘れたら不安になる」「内容よりも、メールが来た事実に安心する」「メールの返事が三〇分来ないと不安になる」の全てに当てはまる人を「ケータイ依存傾向者《けいこうしゃ》」と呼び、一〇代から二〇代で約一割が該当《がいとう》するとしている。この人たちは自分の性格について「小さなことに傷つきやすい」「他人の自分に対する評価が気になる」と回答する傾向が強いそうだ（朝日新聞二〇〇七年五月二三日の記事より）。

「ケータイ」が悪いわけではない。いったん、そのネットワークにつながってしまうと、「なんとなく、ひとりじゃない」という感覚の魅力《みりょく》、あるいは魔力《まりょく》から抜《ぬ》けられなくなってしまうのがヤバいのだ。そうなると、道具が道具でなくなり、そのもの自体が目的化する。宗教でいう、ご本尊に近い存在になってしまう。

ケータイが十字架《じゅうじか》、あるいは聖書？

そう、日本では今「ケータイとテレビが神様」という時代が現出しているのだ。

小学生だって、中学生だって、神様に頼《たよ》りたい。

だから、ケータイが欲《ほ》しい。どうしても欲しい！

昔なら電波法を暗唱し、電気回路の基礎《きそ》を学んで「電話級アマチュア無線技士」の試験に合格しなければ、電波のやり取りはできなかった。数十万円もする無線機を買《か》い込《こ》まなければ、知らない世界との交信は不可能だった。そんな、未知の世界とつながる興奮や、仲の良い友人をいつでも呼び出せる便利さが、いまでは月に数千円で手に入ってしまう。まさに、宗教における、お賽銭《さいせん》の感覚だ。

欲しくて欲しくてたまらなかった魔法の道具を手に入れた子どもたちは、すぐに友だちとのショートメールの虜《とりこ》になる。「いまどこ？」「うち」「何してる？」「テレビ」……中学二年生にもなれば夜中の一二時から二時間、自室で二〇〇通以上のチャットをしつづける子も。やがて、メール仲間の一人がこのやり取りに飽《あ》きてレスが遅《おく》れ始めると、「最近ちょっとあの子、ナマ（イキ）じゃない？」と、仲間とつるんでハブり（村八分の略、徹底的《てっていてき》に無視するイジメの一種）がはじまる。そうでなければ「キモい」「ウザい」「死ね！」のメール攻撃《こうげき》だ。

ケータイを使ったこの種のイジメには、親も教師も気付かない。だから発見が遅れてしまう。

さらに、学校で先生に言われた宿題や試験範囲《はんい》のことも、あとでケータイで聞けばいいやと思っている子は、話を最後まで聞かない。注意力散漫《さんまん》になり、集中力が落ちてしまう。友だちとの待ち合わせの約束も、遅れたってケータイでメールしとけばいいし、どこのお店にいっているのか、あとからケータイで問い合わせればいい。そうして、今やっていることを切り上げて、走ってでも待ち合わせに間に合わせようとする決断力や潔《いさぎよ》さのようなものが失われてゆく。

つながっている安心感によって、自分自身の人生の仕切り感覚が失われていくのだ。人間を自立させるのに必要な「集中力」や「決断力」にダメージが加わり続けると、「ケータイ依存症」はいつしか「ケータイ人格」とでも呼ぶしかない新種の人間を増産させる結果になるだろう。

なんとなくつながっていたい

日本が既《すで》に突入《とつにゅう》した成熟社会というのは、それまでの成長社会と違《ちが》って、みんな一緒《いっしょ》に幸せになれる感覚が共有できない。国家や会社の箍《たが》が緩《ゆる》んでくる。地域社会にも帰属意識が持てないだろうし、家族でさえも一体感が保ちにくい。一人一人がバラバラに動き始める社会なのだ。

個人は一見、より自由に振《ふ》る舞《ま》えるようになるけれども、これが、けっこう怖《こわ》い。他人が決めてくれるのではなく、自分が自己決定しなければならない要素が増えてくる社会を生きるのは、正直言ってキツい。バラバラは恐《おそ》ろしい。

だから、「どこかでつながっている」という感覚が欲しくなる。

帰属意識が持てなくなった社会で、その虚《むな》しさを埋《う》めてくれているのが、宗教ではなく、ケータイとテレビなのだ。

駅のホームでも、道行く人の中にも、ケータイを首からヒモのようなものに吊《つ》るしたり、それをそのままポケットに突《つ》っ込《こ》んだりしている人に出くわすことがある。忙《いそが》しそうなビジネスマン風の人に多い。

犬を連れて散歩している飼い主に似ているな、と私は思う。ヒモが犬の首輪につなげたリードに似ているからだ。もちろん、飼い主は人間ではない。ケータイの方だ。「ケータイが、ビジネスマンを連れて歩いてる」そう、感じる。

電車の中、文庫本を読むOL風の女性の横で、ケータイを顔の前にかざし、ニヤケながらゲームに興じる中年男性。「ケータイが、虚しさに耐《た》えかねた信者に拝ませている」確かに、そう見える。

誰《だれ》も、子ども達に、そのような大人になって欲しくはないだろう。

そのためには、一刻も早く、気付いた大人から、ケータイのペットに成り下がったり、ケータイを拝む信者になったりする愚行《ぐこう》から抜け出さなければならない。「ケータイ依存症」という中毒から生還《せいかん》してもらうほかないだろう。

また、どうしても家族の事情から小中学生にケータイを持たせなければならない場合には、親がもう一台入手して、子どもに貸《か》し与《あた》えるのはどうだろう？　こうすれば、ハブられるのが怖いから夕食時にもテーブルにケータイを置いたまま、常に待機モードで食事するなどという馬鹿《ばか》げたことも回避《かいひ》できる。貸し出し時間を制限して、夕食前に回収してしまえばいいからだ。夜中にメール三昧《ざんまい》して寝坊《ねぼう》をし、午前中の授業に身が入らないなんてこともなくなるだろう。

くれぐれも、小中学生の間は、たとえば、入学試験合格とか成績アップとか、なにかのご褒美《ほうび》にケータイを買ってあげるという愚行から子ども達を守って欲しい。もし、そういった報償《ほうしょう》として欲しいものが手に入ることが習慣化した場合、子どもは、自分自身の気持ちのエンジンで動くことを止め、他者に動機づけられなければ動かない子になるだろう。はっきり実利があるとわかる経済的インセンティブにしか反応しなくなるかもしれない。心の中にある動機づけエンジンにダメージが加わるからだ。

逆に、ケータイという道具を自らの支配下に置き、制限して使用できる習慣を身につ

けられた場合、それは人生全般《ぜんぱん》を上手く運転していくチカラにつながっていく。すなわち、そこで身につけた「仕切り感覚」が人生のライフ・マネジメント能力に直結するのである。

さて、もう中毒になっちゃった大人を救うことはできるのか？

解毒剤《げどくざい》は、ショック療法《りょうほう》しかないいんじゃないかと思う。

圧倒的《あっとうてき》にホンモノの宗教的な体験をするか、ケータイを捨てるか。どっちも難しければ……さて、あなたは、まず一週間、ケータイを使用しないで生きられますか？

症状2　テレビ盲信症《もうしんしょう》

テレビが神様

検索《けんさく》エンジンに「子ども　テレビ　視聴《しちょう》」と入れれば、テレビの過剰《かじょう》視聴に対する警告がWEB上にいっぱい載《の》っていることに気づく。

『日本小児科学会《しょうにか》によると、二歳《さい》以下の子どもが「テレビやビデオ漬《づ》け」になると「言葉が遅れる」、「表情が乏《とぼ》しい」、「親と視線を合わせない」など乳児の発育を妨《さまた》げる恐れがあるという』『文部科学省の調査によると、親にテレビの視過ぎと注意された子は父からは一三％、母からは二二％で、米、英、ドイツ、韓国《かんこく》と比べ最も低く、わが国の親の無頓着《むとんちゃく》さが指摘《してき》されている』『テレビの視聴時間が延びると心に負の影響《えいきょう》があります。二時間を超《こ》えて視聴すると「わがままを言い、決まりを守らない」「自分が好きではない」などの傾向が本研究の調査分析《ぶんせき》から明らかになりました（東京都教職員研修センター）』『幼児にテレビやビデオを長時間見せることによって、譲《ゆず》り合《あ》いや順番待ちなどといった他人との付き合いの中ではぐくまれる社交性などの「社交能力」の発達にマイナスの影響を与《あた》える恐れがあることが、三歳六か月児一一八〇人を対象にした兵庫《ひょうご》教育大や岡山《おかやま》大学などの調査で明らかになった』『日本教育技術学会による漢字習得状況《じょうきょう》調査によると、三時間以上テレビを見る子供は全学年で平均点が低く、一時間以下の子供の平均より二〇〇点満点で五〇点以上も低い学年もあった』……などである。

この他にも、テレビ視聴の長さと肥満の相関関係を示すデータや、『米国で発表された研究では、テレビを多く視聴する習慣のある人は、視聴時間が長くなるほど運動量が低下する傾向があることが明らかになった』というような、常識的に観《み》て「あったりまえジャン」という研究結果も。

しかし、ここでまず確認《かくにん》しておきたいのは、テレビが悪いわけではないという事実だ。よく、こうした過剰視聴の弊害《へいがい》を論じるときに、「テレビ番組の質が制作側の視聴率競争によって劣化《れっか》している」と主張する評論家にお目にかかるが、これは当たらない。スポンサーに広告費を出してもらうためには視聴率を気にして当然だし、番組の質は視聴者に合わせてつくっている。したがって、子どもにとって悪影響があると判断した場合には、まず親が自らのテレビ視聴を制限し、同時に自分の子どもにも見せない覚悟《かくご》がいるだろう。

番組が悪いわけでも、役を演じるタレントや芸人が悪いわけでも、ディレクターが悪いわけでも、テレビ局が悪いわけでもない。ましてや、スポンサーや広告代理店が悪いのでもない。ようは、親がどう判断して、そのメディアを使いこなすのか。もっぱら、大人のリテラシーが問われているのだ。

私自身、TBSの「朝ズバ！」というニュース番組で、みのもんたさんに「バラエティー番組でのお笑い芸人へのイジメが子どもたちにも影響を与えている」と指摘。業界で議論を呼んだことがあるが、これは確信犯でやったこと。どうせバラエティーでは「いじめて笑いを取る」手法を止《や》められはしないと分かっていて、夕食時にもつけっぱなしにして観るのはいい加減止めましょうね、と視聴者である親に警告したかっただけだ。

じっさい、ある番組のディレクター氏は、私にこう呟《つぶや》いた。「わかっているんですけど、芸人イジメはやっぱり視聴率が取れるんですよねえ。それに、無名の芸人にとっては名前が売れるチャンスだし……」

分かりやすさの落とし穴

私がテレビについて「新しい道徳」として理解しておかねばならないと思うのは、次の二点だ。

一つは、テレビの番組では、みんなに分かりやすく説明するために、よく「二項対立」の図式が使われること。

「正義の味方か悪の手先か」とか「勝ち組か負け組か」とか「金持ちか貧乏人《びんぼうにん》か」とか。実際には、この「間」の人が多いにもかかわらず、その多様性を無視して極論が支配する。ニュースでも、討論《とうろん》番組でも、クイズ番組でも、バラエティーでも、ドラマでさえも。短い時間の中でだから、子供からお年寄りまで様々な層の視聴者にアピールするには、「二項対立」が有効なのだ。

眼鏡をかけた医者風の男と、高いヒールを履《は》いた女と、ランドセルを背負った少年が織りなす物語は、小説には似合う。しかし、テレビでは複雑なディテールは捨象され、いい男といい女の物語として描《えが》かれるだろう。政治の世界には、保守系革新も中道左派もいるのだが、それもややこしいから、テレビの中では右か左かで分類される。条件付き賛成とか部分的反対では、分かりにくくなってしまうからだ。

だから、教育界で議論が沸騰《ふっとう》した「学力問題」についても、「学力かゆとりか」が、テレビを通して「二項対立」の図式で伝わってしまった。IEAのTIMSS調査やOECDのPISA調査など、国際的な学習到達度比較《とうたつどひかく》調査で学力が下がった原因が、もっぱら文部科学省（以下、文科省）が推《お》し進《すす》めた「ゆとり教育」のせいだとされた。つまり、「学力」が正義で「ゆとり」が悪という構図だ。さしずめ「悪の手先」の役回りは文科省ということになるだろう。

本当は「学力が低くていいわけはないが、かといって、ゆとりがなければ学力も深まらない」。「ゆとり教育」の象徴《しょうちょう》とされた「総合」の時間に、じっくりライフデザイン教育をやっているところが学力の面でも成果を上げている事実もある。これについては、後にページを改めて指摘する。

しかし、テレビには、そういう複雑な議論は似合わない。「二項対立」の図式で「学力」が善玉、「ゆとり」が悪玉とされてしまった結果、「学力（しかも、つめこみを中心とした古い学力観）」への回帰が、空気として決まってしまった。

万事こんなふうだから、テレビの過剰視聴は、頭の中身まで「二項対立」にしてしまう。複雑な思考ができなくなり、「正義なの悪なの？」「勝ち組なの負け組なの？」「金持ちなの貧乏人なの？」という短絡的《たんらくてき》な思考が支配する。

テレビを見過ぎた子どもも、「いいモンか悪モンか」「味方か敵か」「好きか嫌《きら》いか」「自分に合うか合わないか」「役に立つか立たないか」の「二項対立」で物事を観るようになるだろう。結果、「気に入るか気に入らないか」だけで即行動に出るような人間が増えるのかもしれない。いや、実際増えているんじゃないかと思う。

二つ目の話は、一つ目に指摘したテレビのクセ、すなわち「二項対立の図式ですべてを見せること」から導かれる。こっちの話のほうが、おおごとなのである。

ボクも勝ち組になるぞ!
勝ち組
負け組

「二項対立の図式ですべてを見せる」テレビは、とりわけ報道において、「こいつは善玉だが、こいつは悪玉だ」という図式を視聴者＝大衆に刷り込む役割を果たす。つまり、ある人物やものごとについて、「正か邪《じゃ》か」「天使か悪魔か」「天国行きか地獄《じごく》行きか」「好ましいか好ましくないか」「合っているか間違っているか」の空気を決めるのはテレビだということだ。

だからテレビが神様になった。

「空気が読めないヤツ」は無条件にダメ印の烙印《らくいん》を押《お》される。現象面だけを見て「ブームが神様」だとする見方もあるが、そのブームを決定しているのは、間違いなくテレビのチカラだろう。

イタリアのバチカン市国にある、システィーナ礼拝堂の壁《かべ》を埋《う》め尽《つ》くすミケランジェロの傑作《けっさく》「最後の審判《しんぱん》」。この世の終わりに神が復活し、人々を地獄行きと天国行きに分けている図だ。日本では、この審判役をテレビが務めているのである。

「正解主義」が危ない！

そして、日本の社会におけるテレビの神格化は、次の二つのシステムによって補完され、日本独自の宗教の姿である「テレビ教とその妄信者《もうしんしゃ》たち」という構図を形づくった。

簡単に言えば、こういうことだ。

まず、学校における教育が極度に「正解主義」に偏《かたよ》っていることによって、テレビの流す情報に無批判で従順な信者を大量に生み出した。

キリスト教風に例えれば、学校はさしずめ教会であり、教師たちは宣教師。教科書を批判的に読み解くのではなく、ひたすら正解を詰《つ》め込《こ》む「正解主義」の教育は、「天国行きか地獄行きか」を決めるテレビに対して、それを思考停止したまま受け入れる人間を増産することに貢献《こうけん》した。学校は、テレビ教の信者づくりの片棒を担《かつ》いだのだ。

なぜなら、受験勉強でパターン認識能力を鍛《きた》えられた子どもたちは「正解」に弱い。「正解」を無自覚に受け入れてしまう特性を持ってしまうからだ。

次に、ケータイによるネットワーク、とくに日本独自のメール文化が、テレビの流す情報をあっという間に口コミに乗せ、瞬時《しゅんじ》にその教義を浸透《しんとう》させることに貢献した。教義というのは宗教に必要な決まりだが、テレビが神様の日本の消費社会では、とりわけ「これを買っておくといいよ」とか「この店がオイシイ」とか「この子がカワイイ」とか「こうすると得だよ」という情報がケータイを通して縦横無尽《じゅうおうむじん》に流通する。いわば、消費社会における聖書の役割をケータイ・ネットワークが果たしたのだ。

こうして、テレビとケータイと学校が結びついた三位一体《さんみいったい》の「テレビ教」という、日本独自の宗教が成立することになる。

テレビが神様。

だから、その神様を汚《けが》そうとする人間は必ず、やられる。バッシングを受けるのだ。フジテレビを買おうとしたホリエモンの例を出すまでもなく、TBSを買おうとした楽天の三木谷《みきたに》社長もそうだし、テレビ朝日を買おうとしたソフトバンクの孫《そん》社長もそうだった。

神様を買おうなんて、トンデモナイ。罰《ばつ》されて当然だ！（笑）

日本に支配的な宗教がないというのはウソだと思う。

テレビがお告げをすると、ケータイ・ネットワークがあっという間にそれを広め、学校で生み出された信者がそれを妄信して生きる。

それを買い、そこで食べ、その子を追っかけ、得するためにそうする人たちの群れ。

本来はバラバラに多様化することで、成熟社会に生きる人間には必ずついてまわる孤《こ》独感《どくかん》も、ケータイ・メールでなんとなくつながっている感覚が麻痺《まひ》させてくれる。お告げに従っていれば集団として安心だし、異端児《いたんじ》は早いうちから、教会である学校が潰《つぶ》してくれる。

さらに、テレビがつくる宗教界に謀反《むほん》を働きそうな異端分子は、テレビが自ら魔女狩《が》りをして排除《はいじょ》する。さて、次の生《い》け贄《にえ》は誰《だれ》だろう。テレビは常に魔女裁判の被告《ひこく》を捜《さが》して、みんなそこそこ豊かになってしまった大衆の退屈《たいくつ》を紛《まぎ》らわそうとする。その大衆が羨望《せんぼう》し、その豊かさをどこかウサン臭《くさ》いと思い、そろそろ飽《あ》きてきた有名人（異端）を嗅《か》ぎ分《わ》け、次々と火あぶりにするのだ。

完璧《かんぺき》な宗教組織だと思う。

もし、あなたが、この強烈《きょうれつ》な宗教から逃《のが》れて、自分自身の人生を歩き始めたいなら、テレビから自由にならなければならない。

リビングからご本尊のテレビをどけること。

それが唯一《ゆいいつ》の方法だ。

番組選びで選択眼《せんたくがん》を身につける

じつは私も筋金入りのテレビっ子だった。でも、テレビ教から逃れて正気に戻《もど》れたのには、三つくらいの理由がある。

一度ヨーロッパに逃れて日本のテレビ教から遠ざかり、そこでヨーロッパの中流以上の人々が「テレビを居間に置いていない」事実と遭遇《そうぐう》したこと。三人の子育てをする中で、赤《あか》ん坊《ぼう》のお世話がテレビのバラエティー番組より面白《おもしろ》かったこと。食事のときにはテレビを消すという作法が妻には身に付いていたこと……などである。

テレビの時間を絞《しぼ》ったことで、読書の時間や家族との会話の時間が増え、頭が回転するようになった。以前は、自動的に生きているような気がしたものだ。自分の人生のオーナーになり得ていない感覚。自分の足で生きているのではなく、レールに乗って風で運ばれている雰囲気《ふんいき》。そんな浮遊感《ふゆうかん》は、いちいちのことを自分の頭で考えて生きてはいなかったからだと、いまなら分かる。思考停止状態から戻り、脳が再び回転をし始めてからは、時代を読めるようになり、著作も残せるようになった。

子どもたちにも、あれだけ魅力的な番組が並ぶメニューのなかで選んで観られる自制心と忍耐力《にんたいりょく》がつけば、人生そのものをマネジメントするチカラの素地になるだろう。

具体的には、平日の二時間以上のつけっぱなしや休日の三時間以上の長時間視聴を避《さ》け、一日の平均視聴時間を一時間一五分程度に制限したい。三六五日観ていても、これなら一年で四〇〇時間のテレビ視聴となる。朝一五分ニュースを見ることと、夕食の前か後かに一時間の番組を自分で選び、終わったらスイッチを消す。もちろん、ワールドカップ・サッカーの実況中継《ちゅうけい》を前半だけで切れ、と悪魔のようなことを言っているわけではない。あくまでもメリハリが大事。素晴《すば》らしいドキュメンタリー番組や特集がいっぱいあるから、あれもこれもの中から選び取らせるのは大変だろう。でも、この選択眼が、のちの人生に利《き》いてくる。

学校で習う主要科目（小学校なら算数・国語・理科・社会の四教科、中学校なら英数国理社の五教科）の総授業時間数は一年間で四〇〇時間に過ぎない。だから、テレビ視聴を年間四〇〇時間に抑《おさ》えることで、やっとバランスが取れるのである。

ベネッセの調査による中学生の一日平均テレビ視聴時間は二時間一五分だから、実際には年間で八〇〇時間を超《こ》えている。これでは主要教科の授業時間の倍になってしまう。まずは大人が、この長時間視聴の現実を変えなければならない。

制限をせず野方図につけっぱなしで見せていて、学力が下がったのは「学校のゆとり教育や薄《うす》くなった教科書が悪い」では笑ってしまう。それでは、テレビの評論家の受け売りではないか。自分の子の学力が低いことを文部科学省のせいにするなら、まずテレビを制限し、ケータイで潰《つぶ》している時間を読書や家族での会話に取り戻してからクレームを言うべきだろう。

子どもをテレビ中毒から救おう。そのために、まず大人からテレビを制限する新しい習慣を身につけよう。

もう一度言う。テレビ自体が悪いのではない。テレビは現代社会を生きるのに大事な道具であって、悪魔ではない。

でも、制限して使わないと中毒になってしまう。

なにしろ……神様なのだから。

症状3　ブランド神経症

ブランドは制服と同じ

「成人男性の七割、女性の九割が海外高級ブランドを持ち、二十代女性の約半数がルイ・ヴィトンのバッグを持っている」「日本だけで世界の四割、海外での購入《こうにゅう》も合わせた日本市場の貢献は世界全体の六五％に達する」（セゾン総合研究所など）と、ヴィトン、エルメス、グッチ、ティファニー、ポロ……日本人のブランド信仰《しんこう》は留《とど》まる様子がない。

なぜ、日本人はこんなに「ブランドもの」が好きなのか？

ヨーロッパのように厳然とした階級社会がないからだ、という論者は多い。階級の替《か》わりにブランドというステイタスを身にまとっているという理屈《りくつ》だ。

私もヨーロッパに家族とともに二年半いて、そのうち半分をパリで暮らしたが、日本のようにヴィトンやグッチで身を固めた人物を地下鉄やデパートで日常的に目にすることはなかった。そういう高貴な方々は、専用のクルマで、大衆の目には触《ふ》れないよう個別に買い物をするからだ。

それに比べて、日本はすごいことになったものだと思う。経済力が、ほとんどの中流層を見た目だけは貴族にしてしまった。

私は、日本人のブランド好きの根底には、次の二つの潮流が潜《ひそ》んでいると考えている。

まず、たいていの小学校の教育目標になっている「協調性」が、ほとんどの大人が育つ過程で強烈に利いている事実。「みんな仲良く、元気よく、がんばること」が大事なのだ。

みんなが必ずしも「みんな一緒」ではなくなって、それぞれの価値観を持ちながらバラバラに行動し始める成熟社会では、みんなと群れずに内面にこもる人やじっくり型のオタクなど、多様な生き方が認められるはず。ところが、多くの大人の中には、成長社会という前時代の遺物である「みんな一緒」感覚がいまだに息づいている。これはまさしく、学校教育の最大の成果だろう。

いや、むしろバラバラが怖い。もはや「みんな一緒」でいられないことは頭では分かっているのだが、やっぱり、どこかで「みんな一緒」でなければ生きられない。生きられないなんて大げさだと言うかもしれないが、一人一人が「それぞれ」であることは恐ろしいことなのだ。

だから、「みんな一緒」と「それぞれ」のせめぎあいが、いたるところで起きている。

その典型がファッション界を中心とする「ブランドの制服化」だ。

本来は「それぞれ」のステイタスを示す高級品であるはずのブランドを「みんな一緒」に着回しちゃうことを、日本人は妥協点《だきょうてん》としてしまった。中古品の二次流通や並行輸入、あるいはフェイクと分かってフェイクを着ることを含《ふく》めてである。

このムードは世の中を席巻し、「みんな一緒」と「それぞれ」のせめぎあいは、いまや政治集団の論争にもなっている。政治の世界でも、「みんな一緒」と「それぞれ」が混じっていく。「それぞれ」のための政策で決めようとすると必ず「みんな一緒」もしくは「平等」という決まり文句で反論され、結局、中和されて何がなんだか分からなくなる。

「みんな一緒」の亡霊《ぼうれい》

教育界でも、そのように、訳が分からなくなった政策がいくつもある。

「総合」学習という教科は、「正解が一つではない」成熟社会に特有な課題に対して、

それぞれの「納得解《なっとくかい》」を導き出すための思考技術を養うものとして設置された。言葉を替えれば、教科学習のように知識を「要素」として暗記するのではなく、その要素同士の「関係性」を教科を超えて学ぶのである。

子どもたちが成熟社会で「それぞれ」の人生を切《き》り拓《ひら》くためには必須《ひっす》の技術だ。

ところが、「正解」は「みんな一緒」にテストをすれば正答率として出てくるが、「納得解」のほうは「それぞれ」の意見を記述しなければならないから、評価がしにくい。テストで計るのは難しいし、教えるのも面倒くさい。七割の教師もいらないと言っている。実は七割もの教師が総合を教える技術がないということのほうが問題なのだが……

とにかく、総合の時間はいま鬼《おに》っ子《こ》扱《あつか》いになっている。

いっぽう、教科学習を徹底して、読み、書き、計算のような基礎学力を高める方は分かりやすいし、「みんな一緒」に底上げされれば嬉《うれ》しいような気もするから、総合を止めて、英語、数学（算数）、国語を増量すべしという乱暴な議論に拍車《はくしゃ》がかかった。もはや「みんな一緒」に学力を底上げするなんて天才教師でも無理なのに、成長社会型の分かりやすい議論に引っ張られてしまった。昔ながらのテストをやれば、その方が結果も少しは上がるだろう。

でも、本当は、子どもたちに「それぞれ」の人生を切り拓くための技術を教える「総合」が必要とされたのではなかったか、と疑問が残る。

「教員免許《めんきょ》の更新制《こうしんせい》」も、そのような混乱の落とし子だ。もともとは、ダメ教員を子どもたちの前から排除するためにはどうしたらいいか、の議論から出てきたもの。ダメ教員を辞めさせるなら、六〇万人いる公立小中学校の教員の一割以下、多くても対象は六万人程度だろう。

どの学校も、教育委員会でも勤務評定をつけているのだから、誰がそうかはリストアップされている。それどころか、生徒も保護者もわかっている。だったら、対象者に直接働きかけて「それぞれ」に学校以外の職場への配置転換《てんかん》を迫《せま》るのが筋だろう。じっさい京都市などでは、それが成功していると聞く。

ところが、ここでも「みんな一緒」の亡霊が頭をもたげ、「みんな一緒」に免許を更新することになってしまった。いったい、いかなる理由があれば、免許を取り上げられるのか。誰がどれほどの権限を担って、免許の剝奪行為《はくだつこうい》を正当化するのか。それにはいくらのコストがかかるのか。

もしかりに、六〇万人いる教員に一〇年に一度の研修をかけ、ダメ教員から免許を取り上げるとする。すると、一年に六万人の研修が必要になる。三〇時間程度の研修を教員免許を付与《ふよ》した大学に戻って受けることを構想しているようだから、一人に最低一〇万円くらいのお金がかかるだろう。一コマ当たりの教育費に仮に三〇〇〇円程度のお金がかかる計算だ。

この費用を本人が負担するのなら、教員は全て一〇年に一度、一〇万円の研修費ならびに免許更新料を用意しなければならないことになる。社会的コストは一年間に一〇万円×六万人で六〇億円だ。

これは必然的に、教員になろうとする人の動機づけを減じることになる。

団塊《だんかい》の世代の大量退職で小学校を中心に教員が足らなくなる局面での政策としては、

はたして妥当だろうか。また、問題のない九割がたの教員に、今までにない過剰《かじょう》な負担がかかることも否《いな》めない。研修は学校内ではないだろうから、大学などに通わなければならない。こういう負担のコストは表に出ないが、生徒に向きあうための実時間の減少につながり、イジメ問題への適切な対処のためには大きな機会損失ともなる。

それなら、教員から一人月一〇〇〇円の配置転換保険を取って年間六〇億円の費用を捻出《ねんしゅつ》し、勤務評定で定かになっているダメ教員の配置転換に直接投資するほうがよくはないか。「みんな一緒」に保険金を積んでおいて、対象者になってしまった場合だけ「それぞれ」の配置転換に使う方法だ。

話が教育の話に逸《そ》れすぎたので、元に戻そう。

ようは、第一に「協調性」教育が成功しているということ。その結果、「みんな一緒」に中流となり得た日本では、「ブランド」をそれぞれのステイタスシンボルとしてではなく、仲間はずれにならないための「制服」として着回しているのだ。

たくさん集めることで平和を感じる？

つぎに、日本では「目的」と「手段」が倒錯《とうさく》しやすいことに触れなければならないだろう。

これが、ブランドが席巻する理由となる二番目の潮流である。

戦後、日本の社会を動かす原動力となったのは、「平和で、安全で、長生きできる国づくり」という目標だ。

この「目的」は、戦争で国土が荒廃《こうはい》し、戦死者や病死者で溢《あふ》れる社会状況の前では、あまりに明確かつ強力であったから、その「手段」として産業主義を採ることにおおむね異論は生じなかった。官僚《かんりょう》が主導して、公的な法人や企業《きぎょう》を復興し、公務員とサラリーマンを太らせることで社会を豊かにするやり方である。

ところが、先人の努力によって五〇年足らずでこの「目的」が達成されると、「手段」である産業主義が独走するようになった。本来なら、成長社会で有効だった「手段」は、新たな「目的」のもとに再編成されなければならないのだが、日本は成熟社会への方向転換にいまだに戸惑《とまど》っている。政治の世界でも、いまだに成長社会のイメージが頭の大半を占《し》めるリーダーしか出てこない。

つまり、次の世界が描けないのだ。だから、新たな「目的」が示されなかったこの二〇年ほどの日本社会では、「手段」そのものを集めたり、求めたり、追いかけたりすることに、人々が奔走《ほんそう》するようになった。

ブランドは、その最も顕著《けんちょ》なものの一つである。

当初は、団塊世代の人々を中心とした、欧米《おうべい》流を憧《あこが》れとする日本人のステイタスシンボルだった。「平和で、安全で、長生きできる国」で生きていることを象徴する手段だ。ところが、いったん「平和で、安全で、長生きできる国」が成《な》し遂《と》げられてしまうと、「手段」がそのまま目的化してしまう。

若い世代も含めて、買いまくることが目的化し、その質的な側面より量が問題となっていく。たくさん集めることで平和を感じる。もっと買うことで安全を実感する。長生きすることで、もっと高いものが買えるようになる……。「平和で、安全で、長生きできる国」であるからこその、奇妙《きみよう》な消費文化が生まれたのである。

ブランドが、総じて「平和、安全、長生き」という理念を象徴すると考えるのなら、日本人こそは、その理念を体現した「平和で、安全で、長生きできる国」の戦士である。

つまり、ブランドは「制服」というより「軍服」なのである。

たくさん集めた方が偉《えら》いと褒《ほ》められるような、階級章のついた「軍服」。着ることが目的ではない。買うこと、集めること、おしゃべりしながら「平和、安全、長生き」を実感することを行動の規範とするための「軍服」だ。


日本では、就職の際にも、仕事選びではなく「ブランド」買いの様相を呈《てい》する。

ちなみに、日本経済新聞社が発表した二〇〇八年春大学卒業予定者の就職人気総合ランキング（男女、文理系とも）では、一位から一〇位までの社名は以下の通り。

一位　全日本空輸（ANA）、二位　トヨタ自動車、三位　松下電器産業、四位　サントリー、五位　三菱《みつびし》東京UFJ銀行、六位　みずほフィナンシャルグループ、七位日立製作所、八位　三井物産、九位　三菱商事、一〇位　シャープ、ホンダ、となっている。

資本力、技術力、マーケティング力、ネットワーク力、国際性……いくらでも理由はつこうが、やはり「ブランド」買いの一種であるという見方が的確だろう。ランキングに細かい入れ替わりはあっても、この二〇年、大勢にそれほどの変化はない。銀行が常に証券会社の上にあり、総合商社が常に専門商社やベンチャー企業の上にある。中学選びの際の、麻布《あざぶ》、開成、灘《なだ》、桜蔭《おういん》、女子学院……同様、ブランド買いの力学が支配する。

つまりは、どの軍服を着るか、なのである。

三井か三菱か、麻布か開成か、東大か京大か、どの軍服を着て人生を戦うか。シャネルを着て戦うか、アルマーニで戦うか。

ブランド好きのもう一つの側面

さて、改めて、それは悪いことだろうか、と考えてみよう。ブランド買いはみっとももないだけか。軍服選びは虚しいか。

こんな見方もできるんじゃあないか、と私は思う。

まず、「ブランド」という軍服を着て戦えるのは、日本に本当の戦闘《せんとう》がないからだ。「ブランド」買いにうつつを抜かせるのは平和な日本だからだ、と嘲笑《ちょうしょう》しているのではない。日本人は「平和、安全、長生き」のメッセージを世界に発信する戦士としての役割を担っているという意味だ。

カラオケやアニメやゲームの世界的ブームも、この戦いがけっこう順調に勝ち進んでいることを証明している。「平和、安全、長生き」のメッセージは、かつて日本が経験したように、戦いしかないと信じている人々を骨抜きにするくらい強い解毒作用のあるクスリなのである。

もう一点、「ブランド」買いは、日本人が単一の宗教に帰依《きえ》していないことを証明してもいる。

前項で、日本では、テレビが神様であることを指摘した。テレビが発信する「こいつはいい、あいつは悪い」「こっちは買い、あっちは売り」「ここは素敵《すてき》、あそこはダメ」という ご託宣《たくせん》が、ケータイ・ネットワークに乗った口コミで全国につつがなく布教され、学校が生み出した正解に弱い信者に無批判に信じられていく構図である。

しかし、日本の大衆がもし完全にテレビ教に帰依していれば、「ブランド」という軍服を買い集めたりする必要はないだろう。テレビに狂《くる》っているだけで、十分に思考は停止し、戦おうという気力はなくなるからだ。

じつは、みんな気づいているのである。テレビという神様のご託宣が、どっか嘘《うそ》くさいということに。テレビの発信するメッセージをいまは無条件に飲み込みつつ、どこかでウソっぽいとも感じている。

だから、「ブランド」が体現する一〇〇年の伝統や歴史の重みならば信用できる、と考える。絶対神は絶対神として飾《かざ》り、お祭りしておいて、まあ、身近でご利益のありそうな氏神様を拝もう、てな具合だ。

「ロスチャイルド家」や「三井家」というような、なになに家が代々守ってきた伝統の方が確かなようだという感覚。一種の「祖先信仰」といえるかもしれない。

日本人が、TVコマーシャルをそれほどしていない、ヴィトンを片手に旅をし、ロレックスの時計をはめ、三越《みつこし》に行って、とらやの羊羹《ようかん》をお中元やお歳暮《せいぼ》に贈《おく》るのは、テレビという神様をどこか信用しきれずにいるからである。

安心したまえ。ブランド買いにうつつを抜かす君の行動は、まだ、テレビという神様に一〇〇%支配されてはいない証拠《しょうこ》なのだから。

第二章　「学力問題」を通して、日本人の思考停止状態を斬《き》る！

学力や学歴を勘違《かんちが》いする大人たち

二〇〇二年九月、ある新聞の朝刊トップに、子どもの学力に関わる衝撃的《しょうげきてき》なタイトルが躍《おど》った。「算数の学力　大幅《おおはば》ダウン」

東京大学学校臨床《りんしょう》総合教育研究センターが、関東地方の小学生約六二〇〇人に実施《じっし》した算数の学力テストで、まったく同じ問題を使った二〇年前の調査結果と比べ、正答率が一〇・七％落ちていることがわかった、というのである。

思えば、この頃《ころ》、すべての日本人が評論家と化した「学力低下問題」の論戦がピークに達する。ここから世の中は「ゆとり教育」の排撃《はいげき》に傾《かたむ》き、評論家は文部科学省の失策を揶揄《やゆ》し、首相《しゅしょう》によって招集された「教育再生会議」も学力の復興を政策の主軸《しゅじく》に据《す》えることになった。

とくに二〇〇三年、別々に実施された国際的な学習到達度調査（後述するIEAのTIMSS調査とOECDのPISA調査）の双方《そうほう》で、日本の子供たちの学力上の優位が崩《くず》れているという報道がなされると、学力派が完全に勝ち組となり、「ゆとり教育」がすっかり悪人となってしまった。とくに、OECDのPISA調査では、フィンランドが他国を圧倒《あっとう》していたから（科学的リテラシーと読解力でともに一位、数学的リテラシーと問題解決能力で同じく二位）、学者も評論家も政治家も、みんなフィンランド詣《もう》でをして「素晴《すば》らしい！」を連呼することになった。

ここで批判された日本の「ゆとり教育」路線なるものを象徴《しょうちょう》していたのは、「学習指導要領の三割削減《さくげん》」と「土曜日を休日にしたことを含《ふく》む授業時間の削減」と「総合学習の時間の創設」の三つである。

ところが不思議なことに、日本の教育再生のモデルと目されたフィンランドでは、逆に、一九九二年から「ゆとり教育」を教育改革の主軸に据えていた。日本では再び詰《つ》め込《こ》み教育に戻《もど》そうという圧力が強いが、そうではなく、後述するような「未来型学力」の獲得《かくとく》を目標にしたのだ。PISA調査でのナンバーワンの実績はその一〇年間の成果でもある（フィンランドの事情については『平等社会フィンランドが育《はぐく》む未来型学力』ヘイッキ・マキパー著、明石書店、に詳《くわ》しい）。

失業率二〇％以上という経済危機からの復興をテーマに、一九九四年に就任した二九歳《さい》の教育相オッリペッカ・ヘイノネンは、教科書検定の廃止《はいし》、学習指導要領を三分の一以下に削減するなど、徹底《てってい》した地方分権を実現した。

授業時間も一コマ四五分で、七歳から一四歳では年間およそ九五〇コマ（現時点では、日本の小学校では小四から小六は一コマ四五分で九四五コマ、中学校では一コマ五〇分で九八〇コマ）だから、小中学校を合わせると日本より授業時間は少ない。しかも授業にはワークショップ型の総合学習が多く含まれる。「ゆとり教育」路線として日本では批判された「指導要領の削減」も「総合学習の導入」も、むしろ、フィンランドでは成功要因となっており、「授業時間」についても「日本は短すぎる」という議論は当たらない。

日本の教育界は、完全に、流れを読《よ》み違《ちが》えているのである。

これはいったい、どういうことだろう？

ここからは、その秘密に迫《せま》ってみようと思う。

この解明こそ、大人たちが陥《おちい》っている「学力不眠症《ふみんしょう》」を癒《いや》す鍵《かぎ》だからだ。

たとえば、公立校出身の高学歴の親でさえも「小学生を夜遅《おそ》くまで塾《じゅく》に通わせ、なんとしてでも中高一貫《いっかん》の私立に入れることが勝ち組になる条件だ」「東大を頂点とする学歴社会で勝ち残るためには、寝《ね》ないで勉強した方が得だ」と考えてしまう症状があるが、これは根拠《こんきょ》のない誤解である。

しかし、大半の親がそう信じ込んでいると、親も子も、この波から抜《ぬ》け出《で》るのは難しい。結果、学力の高い子どもたちまで早寝、早起きの習慣が崩れてしまい、ゲームやケータイに夜遅くまで興じる傾向の強い学力の低い子どもと合わせて、日本の子どもたち全体の肉体と精神が蝕《むしば》まれてしまう。

この流れを変えることなくして、教育改革もへったくれもないだろう。

寝ないで
勉強しなさい
ママー
睡眠学習じゃ
だめ？

「ゆとり教育」は悪いのか？

まず、「ゆとり教育のせいで学力が下がった」というのは本当だろうか。

明らかに「ゆとり教育」だけのせいにするのは間違いだ。冒頭《ぼうとう》に掲《かか》げた「算数の学力大幅ダウン」の記事では、二〇年間に同じ算数の問題に対する正答率が一〇％ダウンしたとしているが、すぐに、一〇％は「大幅」なのだろうかという疑問がわく。

スーパーやコンビニへのキャッシュレジスターやバーコード読み取り機の普及《ふきゅう》で、買った本人も店の人も一々値段を計算しなくて済む時代になった。計算機やケータイの普及も含め、算数の計算が生きる場面は現実の世の中では明らかに減っている。だから、日本人の計算力が落ちるのは当たり前なのである。

むしろ、この二〇年間に一〇％しか落ちていなかったとすれば、それは、日本の小学校教育の勝利を意味するのではないかとさえ思えてくる。なぜなら、関連記事に載《の》っている問題を自分で解いてみれば分かるのだが、大人なら、三割程度は正答率が落ちても不思議はないと感じるからだ。

「学力が下がった」のではなく「計算力が下がった」のだ。そして、それはもっぱら「ゆとり教育」のせいなのではなく、世の中全体が計算力をそれほど必要としなくなったという社会的な背景が色濃《いろこ》く影響《えいきょう》している。

次に「長く勉強すれば学力が上がる」というのは本当だろうか。

そうとはかぎらない。現に、多くの教育者や評論家が憧《あこが》れるフィンランドの学校は、日本より授業時間が短い。むしろ、時間当たりの学びの密度のほうが問題だろう。

ただし、この問題の対処には、小中学校を一緒《いっしょ》にしないで、分けて考えることが肝心《かんじん》だ。小学校においては、たしかに現在の学習時間では、算数や国語の反復学習に当てる時間が十分に取れないのが実情のようだ。

私が校長を務める杉並区立和田中学校にも、算数の計算が不得意な子が多数入学してくる。そこで、入学前に履修状況《りしゅうじょうきょう》調査をしてみると、とくに分数の計算でつまずく子が多かった。

中学の数学では方程式を教えるのだが、かりに方程式の構造を理解してはいても、「x」や「y」の前についている$\frac{3}{5}$と$\frac{2}{3}$が足せなければ答えは出ない。小学校の先生も必死で教えているのだろうが、カラダに染《し》み込《こ》むまで反復してマスターさせるほどのゆとりがないのであろう。

いわば「小学校の未履修問題」である。

やんちゃが過ぎて長じて少年院のお世話になるような多くの少年が、小学校時代に学習に障害が生じ落ちこぼれた結果、アウトサイダーに変貌《へんぼう》していった過程を鑑《かんが》みれば、「読み、書き、計算」を主軸とする基礎《きそ》学力の定着は、そのまま日本の安全保障政策の一環《いっかん》でもある。

それならば、算数が急に抽象的《ちゅうしょうてき》になる三年生からの三年間（三、四、五年生）は、土曜日を全て復活させて反復学習を徹底する手もある。ただし、これをやると、学力が底割れしている三割の子どもたちは救われるが、中学受験を狙《ねら》って三年生から土曜日にも塾に行かせている親は嫌《いや》がるだろう。

また、小学校低学年の段階で秩序《ちつじょ》ある生活習慣をつけさせるためには、現在の幼稚《ようち》園《えん》・保育園の年長さん（就学前児童）を小学校に一年早く取り込んで準備学級を設置し、一年かけて集団で学ぶための習慣付けをさせることも有効かもしれない。

小学校と中学校の勉強はココが違う！

中学校は、これとは趣《おもむき》を異にする。強制的に学校で勉強する時間を増やすより、自主的な勉強時間を増やす方が得策だからだ。

和田中では、土曜日に地域のボランティアを組織して「土曜寺子屋（略してドテラ）」を開催《かいさい》し、自主的な勉強を支援《しえん》している。

サポートするのは、主に教師を目指す大学生ボランティア（学ボラ）だ。

金曜日までに出た宿題を持ってきて、お兄さん、お姉さんに聞きながら片付けてしまうチャッカリした子もいるし、塾の宿題や英検、漢検の勉強をする子も。学校モードではないから自由な雰囲気《ふんいき》があるが、みんな勉強しているから自分もやろうという気になる。ドテラがなければ、家で寝ているか、テレビかゲーム三昧《ざんまい》が落ちだろう。それでは生活習慣が土日の二日間で崩れてしまう。

年間を通じて土曜日に三〇日間開校され、ほかに夏休み中にも二週間の「ドテラ・サマー・スペシャル（略してサマスペ）」が開かれる。三〇日間、学校に自主的に出てくれば、通常、学校の年間授業日数は二〇〇日強だから、一五％多く学校に出てきていることになる。

もっとも、学力の最底辺層は、こうした自主的な勉強の場には出て来ないことが多い。だから、和田中では、算数が不得意な層を中心に教員が呼び出して、ドテラが開かれている時間に平行して補習を行っている。

また、「教育再生会議」が提案した授業時間の一〇％アップを先取りして、和田中では二〇〇六年から導入した「四五分週三二コマ制」授業も有効だ。通常、公立の中学校では一コマが五〇分の授業を週に二八コマ行う。だから、指導要領では、学校の年間総授業数が二八コマ×三五週間で九八〇コマとなっている。

授業時間を五分短縮して授業の無駄《むだ》を省き、リズムとテンポを上げて週に三二コマの授業を実施すると、時間数にはほとんど変わりがないのに、数学や国語の反復学習が可能になる。

和田中の一年生は、英数国理社の五教科で他校より一コマ多い授業を受けているし、二、三年生も英数国の主要三教科で週四コマと、一コマ多くなっている。こうすると、数学では三コマで教科書を教えて一コマ反復学習に当てることや、英語でも同様に、三コマで通常のカリキュラムをこなして、一コマを文法の押《お》さえやボキャブラリー増強に当てることができる。時間の負担を変えることなく、授業数が一三％増量するのだ。

実際、この手法を適用した第一世代である和田中の現在の二年生は、一年生の最後に受けた杉並区の学力テストで区内中学校二三校中、英語一位、国語二位、数学四位の成績で総合ナンバーワンとなった。学力の偏差《へんさ》が高い地域にも拘《かかわ》らずである。

中学校が小学校とは違う方法で学力向上を図《はか》るべきなのには三つの理由がある。

一つは、小学校で基本的な生活習慣を確立し「読み、書き、計算」の基礎学力の履修が徹底できているならば、中学校では三割がたの時間を「総合」や「選択《せんたく》」に使うのは合理的だからだ。「ゆとり教育」への批判は、小学校での履修が完全になれば中学校では当たらないことになるだろう。

二つ目には、中学校は義務教育期間中であるから多分に強制的な勉学が強《し》いられて当然だが、そのいっぽうで自主的な勉強態度が醸成《じょうせい》されなければならないからだ。和田中では、もっと英語を学びたい生徒のために、月に数千円払《はら》ってドテラが開催される土曜日に英語漬《づ》けになる「英語アドベンチャーコース」を設けている。これにより英検準二級取得者が倍増。普段《ふだん》の授業でも中下位層に教えられるリーダーとなる生徒が育っている。

三つ目には、中学校では、なんといっても半分以上の生徒の半分以上の生《い》き甲斐《がい》は部活動だからだ。部活は中学生の幸せの半分を決定する。だから、やみくもに授業時間数を増量して部活を犠牲《ぎせい》にするのは野暮である。「四五分週三二コマ制」では、部活に全く支障は出ない。一五時半とか一六時にはピッタリ始められる。

教育にまつわる幻想《げんそう》

では「教科書が薄《うす》くなったのが悪い。教科書を厚くすれば学力が上がる」というのは本当だろうか。

ウソである。

国際的な学力調査の結果をよく見れば、上位層にはそれほどの変化はなく、下位層の底割れが全体の学力レベルを押し下げてしまったことに気づく。

成熟社会に入った日本では、「読み、書き、計算」のような基礎学力を身に付ければ、身に付けないより、より幸せになるという構図への信頼感《しんらいかん》が薄れてしまった。早い話、計算ができた方が自営業でもなんでも儲《もう》かるし、説明書が読めた方がセールスの実績が上がる、と素直に信じられた成長社会はとうの昔に過ぎ去ったのだ。

このことに加えて、子どもたちの社会には、テレビやゲーム、ケータイでのメールやチャットという面白《おもしろ》い時間つぶしが増殖《ぞうしょく》した。これらのメディア視聴《しちょう》に一日のうち三、四時間を消費していれば、勉強したり、本を読んだり、家族との会話をする時間が減るのは当然だろう。子どもたちの脳の中はメディアの浸食《しんしょく》を受け、考えないでいい時間が大幅に増えてしまっている現実もある。

だから、日本の基礎学力全体の底上げには、前述したような小学校での、とくに算数と国語の徹底反復が欠かせない。教科書の薄さとは無関係なのである。

ただし、上位層の児童・生徒には、薄い教科書ではたしかに手応《てごた》えがないだろう。その場合には、教師がどんどんサブテキストを与《あた》えれば良い。

もはや、万人に通用する検定教科書を使うのが難しい時代に入ったのだ。

さらには、「読み、書き、計算と暗記力を鍛《きた》えれば、学力が上がる」というのは本当だろうか。つまり「再び、詰め込みを重視した教育をすればいい」という幻想について。

これも、ウソである。

ここに至《いた》って読者には、学力の二重構造を理解してもらわねばならない。情報の扱《あつか》いにおける「情報処理力」と「情報編集力」の違いについてだ。

まず、先に挙げた二つの国際比較《ひかく》テストのことを思い出してもらいたい。

一つはIEA（国際教育到達《とうたつ》度評価学会）という団体が実施したTIMSS調査「国際数学・理科教育動向調査」。もう一つはOECD（経済協力開発機構）のPISA調査「学習到達度調査」。前者をTIMSS調査、後者をPISA調査と、ここでは呼ぼう。

結論から言って、この二つは同じ学力を測っているものではない。したがって、この二つの結果を同様なものと見て「学力ダウン」と騒《さわ》いだのは、マスコミのミスリードだった。

以下に詳しく述べるが、TIMSS調査は、読み、書き、計算や暗記力に深く関わる「情報処理力」を、PISA調査は、課題の発見や問題解決能力など、より社会的な対処に必要な「情報編集力」を測る調査なのである。ちなみに前者は小学校五年生と中学二年生、後者は一五歳だから、日本の場合には高校一年生を対象とした。

問題を解いてみれば明らかなのに、問題を見てもいない評論家が揃《そろ》って「学力が国際的に見ても下がったのはオオゴトだ」として、文科省叩《たた》きでそろい踏《ぶ》みをしてしまった。この二つの学力調査の違いを鮮明《せんめい》にイメージしてもらうために、出された問題を極端《きょくたん》にシンプルにして提示してみよう。

TIMSS調査では「〇・〇八は十分の八ですか、百分の八ですか、それとも千分の八ですか?」というような問題が出題される。知っていなければできない問題だ。「気体と液体の違いを一つ述べなさい」というのも同様である。ようするに、どれだけたくさん「正解の導き方」を知っているかが試される。だから、いっぱい暗記している子が強い。

「情報処理力」、つまり頭の回転の速さが勝負なのだ。

これに対して、PISA調査では、知識そのものではなく社会との関係性の中での応用力が問われている。たとえば、次のような問題だ。「街の壁《かべ》にはよくアートのような落書きがされていますが、公共物に落書きするのは犯罪ではないかと主張するA子さん

落書きは犯罪よ！
色彩の暴力よっ
でもそしたら広告はどうなの？
……

と、それをいうなら広告物だってみんなに断って出しているわけではないから別にかまわないんじゃないとするB子さんがいます。あなたはどちらの意見により近いですか？その理由とともに述べなさい」

読者のみなさんなら、どう答えるだろうか？

知識そのものを問うているのではないから、正解がない。蓄積《ちくせき》してきた知識、経験、技術のすべてを動員して、自分自身の意見を編集し、相手に伝わるよう表現しなければならない。

一人一人が別々の価値観のもとで動く、多様で複雑な成熟社会を生きるには、現実的に必要なチカラである。正解ではなく、自分が納得《なっとく》し、かつ関《かか》わる他人を納得させられる解が問われる。これを「納得解」という。

成熟社会では、「正解」の導き方より「納得解」の導き方が人々の幸福感を決めていく。なぜなら、正解が一つの問題なんて、ほとんどなくなってしまうからだ。

蓄積してきた知識、経験、技術のすべてを動員して自分自身の納得解を編集するから

「情報編集力」。つまり頭の柔《やわ》らかさが勝負なのである。

なぜいま「情報編集力」なのか

フィンランドでは前述のように、九〇年代前半に指導要領を大幅に削減する大改革が行われ、教科書検定の廃止、地方自治体への徹底した権限委譲《いじょう》がなされた。校長の人事権は末端の地方自治体へ、教員の人事権は校長へと移行し、授業を総合的にプロデュースする権限を各学校に与えながら、成長社会で重視された「情報処理力」から、PISA調査で測定される「情報編集力」へのシフトが行われていたのである。一〇年経《た》って、その成果がPISA調査のナンバーワンとして結実したわけだ。

日本が今、詰め込み教育だけに回帰すれば、ありがたがるのはアングロサクソンや華僑《かきょう》の指導者だろう。続々と日本企業《きぎょう》を買収する彼《かれ》らにとっては、他人に世界観を描《えが》いてもらいさえすれば、ひたすら「情報処理力」を発揮して頑張《がんば》るホワイトカラーやブルーカラーがいっぱいいた方が都合がいいからだ。

「情報処理力」の高いサラリーマンは部下としては申し分ない。

ここで、私の教育系の著書に目を通している読者には見慣れたものかもしれないのだが、初めての方々には大事な「情報処理力」と「情報編集力」という用語の違いについて、改めて確認《かくにん》しておこう。

二〇世紀後半の日本を牽引《けんいん》したのは、「情報処理力」に優《すぐ》れた、官僚《かんりょう》を含むホワイトカラーとブルーカラーだった。「情報処理力」とは、決められた世界観の中でゲームをするとき、いち早く「正解」を導き出すチカラである。

「欧州《おうしゅう》の人間としては初めて、コロンブスがアメリカ大陸を発見したのは？」と問われて「一四九二（イヨー、クニが見えた！）」と瞬時《しゅんじ》に答えられるかどうか。テストで採点すれば「見える学力」として現れる。

これに対して、二一世紀の日本でより大事になるのは、身に付けた知識や技術を組みあわせて「納得解」を導くチカラ、すなわち「情報編集力」の方である。

「コロンブスがアメリカ大陸を発見したあとに、人々の世界観はどう変わったか？」について自分の頭でイメージできるかどうか。それが、ひいてはイラク戦争の影響や北朝《きたちょう》鮮《せん》の未来を予測し、自分の仕事や生活と、そうした世界の変化との関係性を想像する力にもつながっていく。

　こちらはテストでの採点が難しいから「見えない学力」とも呼ばれるが、本番に強い人、いつも運が良いように見える人、世の中の景気と無関係に元気な人に共通のチカラである。

「情報処理力」はいわば、ジグソーパズルを早くやり遂《と》げる力だ。一つのピースに正解の場所はたった一つ。ただし、全体の図柄《ずがら》、たとえばディズニーのキャラクターとかお城のある風景とかの世界観は、メーカーがあらかじめ決めている。

　一方、「情報編集力」は、レゴをやるときに要求される力だ。一つ一つの部品はシンプルだが、組み合わせることで、宇宙船にも家にも動物にも人の姿にもなるし、文字通り町全体をつくりだすことも可能だ。世界観自体をつくりだす力なのである。

パイが変わらない世界の中でも選択肢《せんたくし》の幅を広げ人生を豊かに生きるには、「情報編集力」が欠かせないことは火を見るより明らかだろう。

日本の成熟社会を支える市民を誕生させるためには、学校でも「情報処理力」だけでなく「情報編集力」を鍛える学習が必要なのである。

総合学習が必要な理由

さらに「学力を上げるためには総合学習を廃して、教科学習を増量すべきだ」というのは本当だろうか。

ウソである。

前述のとおり、かつて新聞に「教員の七割が総合学習はいらないと言っている」というアンケート調査の結果が載ったことがある。

これも、読み違えてはいけない。「教員の七割が総合学習はいらないと言っている」の実態は、教員の七割は総合という教科を教えるだけの力量がないということ。一部の

ボクは情報処理力も情報編集力もどっちもないよ……
一四九二
それで世界はどうなったかと言うと

教員がサボりたいから面倒くさいものはいらないと言っているわけで、それでもまっこうから総合学習に取り組んでいる三割もの教員がいることを誇《ほこ》りに思うほうが、大人の態度というものだろう。

実際、人生を深く考えるには、個別の教科学習だけでは無理がある。なぜなら、国語も数学も理科も社会も、それぞれは分断された知識を渡《わた》す教科なので、自分の人生のために、それらをどう統合すればいいのか分からない。だから、総合学習を魅力的《みりょくてき》なものとして運用している学校はみな、人生に深く関わる「ライフデザイン」教科に近い有り様を示す。

たとえば公立高校では、京都市の堀川《ほりかわ》高校がいい例だ。

「自立できる一八歳を育てる」という教育目標のもと、荒瀬《あらせ》克己《かつみ》校長が生み出したのは、テーマを自ら設定して研究を進め、最終的には論文にまとめる「探求基礎」という総合教科。焼いた赤土を通すことでヒ素を除去する研究を成し遂げた者もいるという。さらに、部活動や文化祭、体育祭にも熱心に取り組むことが奨励《しょうれい》され、二兎《にと》を追う「段取り力」が期待されている。

学びに対する動機づけを重視し、総合教科に念入りに取り組んだ成果は、受験実績にも結実する。一期生では二〇〇二年、国公立大現役《げんえき》合格者一〇六人を出し、前年の六人から大幅に躍進《やくしん》。さらに〇七年には京都大学への現役合格者三五人と、全国の公立校のトップに立った。教育関係者の間では「堀川の奇跡《きせき》」と呼ばれる。

私立校でも、躍進目覚ましい品川女子学院の漆紫穂子《うるししほこ》校長は次のように語る。

「二〇〇二年春から半年間、藤原《ふじはら》先生の指導のもと、［よのなか］科の手法を取り入れた［よのなか］国語、［よのなか］数学、［よのなか］英語の授業を実施しました。世の中と結びついた教科学習は総合学習的展開になるので、ともすれば、そんな時間があったらもっと受験数学や受験英語を指導した方がいいのでは、という批判をうけがちです。だから迷いもあったのですが、総合的なスタンスを取り続けてよかったと、今では確信を持っています。なぜなら、［よのなか］科を通じて彼女《かのじょ》たちが人生を直視し、自分の将来のキャリアをしっかりと見つめることが、大学への進学実績という成果にも結びついたからです」

和田中でも、そうした現象が起こっている。一年生では初めて「よのなか」科ジュニアコース（「よのなか」科のリテラシー教育を一年間かけて一三回の授業で準備するもの）を受講した現二年生の学力が、学年のすべての教員の協力により、教科学習と結びついて確かなものになった。前述したように、二〇〇七年二月に実施された杉並区の学力調査で総合トップに輝《かがや》いたのだ。「学力が低いままでいいわけはないが、ゆとりがなければ学びは深まらない」。和田中も二兎を追っている。

いまや「学力」界の神様ともいわれる立命館大学の陰山英男《かげやまひでお》先生は、前々任の山口小学校での「百ます計算」の授業実践《じっせん》で有名になった。田舎《いなか》の学校にも拘らず、生徒の多数が難関大学への進学を果たしたからである。その陰山先生が常日頃から心がけていたのは、まず「早寝、早起き、朝ご飯を含めた規則正しい生活習慣をつけること」。ついで「百ます計算などの反復学習で基礎学力をつけること」。その上に立って最後に「総合学習で応用力をつけること」。

あまり語られていないが、山口小学校では、総合についても「ゆとり」ある実践が行われていたのである。詰め込むものはさっさと詰め込んでおいて、ゆとりをもった総合で学びに深みを持たせる。「生活習慣」「基礎学力」「総合学習」の三段階である。

ところが、教育界で「学力かゆとりか」の論戦が始まると、陰山先生の二番目の実践である「基礎学力」のステージだけが誇張《こちょう》され、学力派に利用されるようになる。本来はネクストステージとして、素晴らしい総合の実践もされてきた陰山先生に失礼ではないかと、私などは思う。山口小学校も二兎を追う小学校だったように、総合学習は、教科学習や受験の邪魔《じゃま》になるどころか、適切な運用によって、学力や受験実績に直接間接に結びついていくのである。

くわえて、成熟社会に入り、これからの大学入試も企業の入社試験や面接でも、単純な処理力よりはますます「情報編集力」が問われるようになることは、間違いのない事実である。

ここまで、延々とマスコミが流布し、多くの人が信じきっていた「学力論」にはウソが多いことを証明してきた。

和田中では、冒頭に掲げた「算数の学力　大幅ダウン」という新聞記事を使って、新聞記事はあくまでも記者の解釈《かいしゃく》であり、けっして真実そのものではないことを学ばせる。とくにタイトルは記者の手を離《はな》れ、デスクと呼ばれるベテランの編集者たちが腕《うで》によりをかけて決めている。ときに、週刊誌のように目立つことを優先したタイトルも躍《おど》る。それがわからない読者には、テレビだけでなく、新聞までが神様の役割を演じてしまう。

メディアとの付き合い方を教える「メディア・リテラシー」教育も、新時代に必須《ひっす》の「新しい道徳」なのである。

［よのなか］科はこんな教科

［よのなか］科をご存じない読者のために、最低限の解説をしておく。

詳しくは、『公立校の逆襲《ぎゃくしゅう》　いい学校をつくる！』（朝日新聞社）や『校長先生になろう！』（日経BP社）を読むか、「全国［よのなか］科ネットワーク」のWebページ（http://www.yononaka-net.com/mypage/top/index.php）を参照してもらえるとありがたい。

［よのなか］科は、学校で習う知識があまりにも世の中の実相とかけ離れてしまっている状況を改善するために、私が一九九八年に開発し、二〇〇一年から七年以上の授業実践を積み重ねてきたワークショップ型の授業だ。〇六年からは文科省の新教育システム開発プログラムの認可を受けて、全国への普及が始まっている。

特徴は以下の三つ。

一つ目は、子どもたちの身近な題材から「正解が一つではないテーマ」を取り上げ、納得解を導き出すための情報編集力をつけることを目的としていること。

たとえば、「ハンバーガー店をどこに出店すれば儲かる店になるか？」を討議《とうぎ》してプレゼンしたり、「自転車放置問題はどうすれば解決するのか？」をブレインストーミング（以下、ブレスト）して、ゲストティーチャーとして呼んだ議員に提案したり、「誰《だれ》にも迷惑をかけない自殺だったら許されるのか？」をディベートしたり、などだ。

二つ目は、ロールプレイやシミュレーションというゲーム的な手法を多用し、子どもたちが授業で取り上げる課題を、自分のこととして考えるよう導いていること。「建築家になって自分が将来住む家をデザインしてみよう」とか「自分が首相《しゅしょう》だったら大きな政府と小さな政府、どちらを目指すか？」とか「親だったら、自分の子のクローンをつくることを是《ぜ》とするかどうか」とか。他人の意見に対して、ただ文句をつけるのではなく、第三者的に評論するのでもなく、当事者感覚を持って主体的に考えるクセをつけさせる。

三つ目は、大人と子どもが一緒に学ぶ場とすること。通常は六人の生徒に対して一〜四人の大人の参加者を加えて班をつくり、一緒に議論する。親でも先生でもない（利害関係のない）第三者から、テーマに関連した知識や経験談を聞かせてもらい、自分の意見を形成するための刺激《しげき》とする。ただし、大人は正解を教えるために参加するのではない。「子どもに一人部屋（個室）は必要か？」をディベートしたり、「ゴムを使った付加価値の高い新製品を考え出そう」のブレストでは、アイディアを付箋《ふせん》紙に書き出し、班ご

子どもに一人部屋は必要か？
その前に私に一人部屋が必要です。

とに共通のシートの上で同類のものを分類・整理したり、あるいは「何をもって子どもとし、何をもって大人なのか」や「赤ちゃんポストは必要か」を議論したりする。こうした外部の大人と生徒との関係を「ナナメの関係」と呼んで、重視している。

じつは「ナナメの関係」の豊かさは、そのまま、子どもたちのその後の人生の豊かさにつながるのである。

一年生の「よのなか」科ジュニアでは、コミュニケーション（対人関係）に関わるリテラシーを重視したカリキュラムが組まれている。以下のような内容が含まれる。

✝相手の目を見て話す、頷《うなず》きながら聞く、質問して相手と自分との共通点を探す、などのエンカウンタートレーニングから入る。

✝いままでの人生（一二年間）とこれからのイメージを人生曲線に描き、苦しかったことや嬉《うれ》しかったことを含め、重要なエポックを振《ふ》り返《かえ》る。

✝運動会や学芸発表会での想い出を、「失敗」を活《い》き活《い》きと語る素材として振り返る。「失敗」を語るときの作文のマナーを繰《く》り返《かえ》し練習する。

✝「風が吹《ふ》けば桶屋《おけや》が儲かる」式の推論エンジンを鍛えるために、現代版の「風が吹けば桶屋が儲かる」をいくつも書き出してみる。

✝二つの職業を「13歳のハローワークマップ（五一四の仕事が関連性で配置されている職業の星座表のようなもの）」で選び、その二つを「混ぜた仕事」を開発し、プレゼンしてみる。

✝グーグルの「イメージ検索」を使ってホリエモン報道を振り返り、一人の人間が、写真のイメージで「善人」にも「悪人」にもなるメディアの特性を学ぶ。馴染《なじ》みのある先生をビデオカメラで生徒に写させ、瞬間瞬間の表情の変化をストップモーションで追いながら、ある写真では「親しみのあるキャラ」が伝わるが、ある写真ではむしろ「怖《こわ》い顔をしたキャラ」で伝わることを確認する。メディアの恣意性《しいせい》に気づかせるメディア・リテラシーの授業。

三年生の「よのなか」科では、前述したような「正解が一つではない成熟社会特有のテーマ」をブレストしたり、付箋を使って要因分析《ぶんせき》したり、ディスカッションしたり、ディベートしたり、プレゼンしたり。

どんなチカラを付けさせるのが狙《ねら》いかを読者に理解していただくために、二〇回から三〇回の［よのなか］科を受講し終えた三年生に出す卒業試験の問題を、ここに示してみよう。ただし、一〇〇点満点で点数をつけて返却《へんきゃく》したりはしない。

□ハンバーガーの価格は、これから上がると思うか？　下がると思うか？　その理由とともに記せ。

□あなたの通っている学校に「付加価値」をつけるとしたら、校長としてどんなことをするか？

□「差別」はどうして起こるか？　イジメとの共通点を記せ。

□殺人を犯《おか》した少年を裁く法廷で、あなたが裁判員だったら、最初に何を質問したいか？

□人間にとって、宗教とは何か？

□和田中が教育目標とする「自立と貢献《こうけん》」について、あなたの三年間の経験から、具体的に自分自身の達成状況を表現せよ。

こうした問題を一二問並べ、一問ごとに三分の時間をとって、三〇〜一〇〇字程度の「自分の意見」を書かせる。調べ学習ではない。その場で、「よのなか」科の授業で学んだことを振り返り、もう一度、自分の意見を反芻《はんすう》するのだ。

こうした学習を繰り返すことで、発言下手の男の子でも、半年後には変化する。まず、ワークシートに一行くらいは書けるようになり、発言できるようになり、のちに、必ずディベート好きになる。「〇〇君がこんな意見を言ったのが意外だった」とか「今日は上手く言えなかったから悔《くや》しい」とか「たしかに、そういう見方もあるなあと思った」という感想がドンドン増えていく。

和田中では、三年生に道徳と総合を組み合わせたり、総合を二コマ使ったりして九〇分の授業を実施。さらに今年は二年生にも総合一コマの簡易バージョンを同じテーマで実施している。

東京大学基礎学力研究開発センターの苅谷《かりや》剛彦《たけひこ》教授のグループが三年間、和田中の生徒を対象に行った研究がある。「よのなか」科を受講した三年生にテストを受けさせたのだが、その中にPISA調査で出題された問題を紛《まぎ》れ込《こ》ませて入れたのだ。

結果、自分の意見を問うPISA型の問題で、和田中の生徒の正答率はフィンランドより高かった。また、日本の子の四〇%が白紙回答した問題に対して、和田中の生徒の白紙回答はたった八%。ただし、これには落ちがついている。正答率は上がったが、誤答率も日本の平均から著《いちじる》しく上がった。つまり、トンチンカンな答えも多かったのである。それでいいと思う。

日本が進めるべき新しい教育の姿は、「正解主義」から脱《だつ》して、間違ってもいいから自分の意見を発言するよう奨励すること、変化する社会のなかで試行錯誤《さくご》しながら納得解を求めるチカラを育てること、そして、自分自身の世界観、人生観、幸福観をそれぞれに描ける「情報編集力」を身につけさせること、であろうから。

第三章　「いじめ問題」を通して、大人の思考停止状態を斬《き》る！

騒《さわ》いでいないと不安？

いじめは、マスコミが騒ぐだけでは解決にならないばかりか、自殺を誘発《ゆうはつ》する危険も。もはや学校のせいばかりにはできない！

まず、はじめに、二〇〇六年一〇月に加熱した「いじめ自殺」報道と、実際の小中学生の自殺についての検証から始めよう。二〇〇七年六月七日、西日本新聞は、警察庁生活安全局地域課が発表した「平成一八年における自殺の概要《がいよう》」を受けて、次のように報じている。

『学生・生徒の自殺最多「いじめ苦」増加懸念《けねん》　警察庁まとめ　〇六年八八六人　小中生は九五人』

「昨年一年間に日本国内で自殺した人のうち、学生・生徒の自殺は二一・九％（二五人）増の八八六人で、統計を取り始めた一九七八年以来、最悪となったことが七日、警察庁のまとめで分かった。このうち小学生は一四人で前年の二倍。中学生も二二・七％増の八一人となっており、昨年のいじめ自殺の続発を裏付ける数字となった」

記事は「思っていた通り、いじめを原因とした小中学生の自殺は増えていて、最悪の結果になった」と言っている。

では「昨年のいじめ自殺の続発」という部分を読者に思い起こしてもらうために、二〇〇六年一〇月から一二月にかけての「いじめ自殺」報道をいくつか引用してみよう。

YOMIURI ONLINEでは『北海道滝川《たきかわ》市で自殺した女子児童（当時一二歳《さい》）が、遺書で「いじめ」を訴《うった》えていた事実を市教委が隠《かく》していたことが今年九月、発覚した。追いかけるように、いじめによる子どもたちの自殺が全国で続発した』としている。

『**一〇月一三日　福岡・筑前《ちくぜん》で中二が「いじめ」の遺書残し自殺**』

福岡県筑前町の町立三輪中二年の男子生徒が、「いじめられてもういきていけない」

などと記した遺書を残し、一一日に自宅で首をつって自殺していたことがわかった。一五日、学校側は、クラスでいじめ行為《こうい》があったこと、さらに担任教師もいじめにかかわった事実を認めた。一六日、教師の言動と自殺の因果関係は否定した。

『一〇月二九日　岐阜《ぎふ》・瑞浪《みずなみ》、いじめ？　中二女子自殺』

岐阜県瑞浪市の市立中学校二年の女子生徒が一〇月二三日、自宅で首をつって自殺していたことが分かった。生徒は「これでお荷物が減るからね」などと書いたメモを残し、同じ学年の複数の生徒の名前を挙げていた。「いじわるをされる」と漏《も》らしていたという。三一日、同校校長は女子生徒の自殺の原因はいじめだったことを認めた。

『一一月六日　文科相へ「いじめ自殺」予告の手紙届く』

いじめを苦にした自殺を予告する文部科学相あての手紙が文部科学省に届き、初等中等教育局長が異例の緊急《きんきゅう》会見。封筒《ふうとう》のあて名には「伊吹文明《いぶきふみあき》大臣様」と書かれ、中に大臣、教育委員会、校長、担任、同級生、その保護者、両親に向けた計七通の手紙が入っていた。二〇日、同省は、いじめ自殺を予告した手紙が新たに五通届いたと発表した。

これで同省に届いた手紙は計三二通になった。

『一一月一二日　いじめ自殺？　埼玉《さいたま》・本庄《ほんじょう》で中三男子、大阪《おおさか》で中一女子』

「いじめ」との関連が疑われる中学生の自殺が二件、相次いで起きた。埼玉県本庄市では、他の生徒から金銭を要求されていた中学三年の男子生徒が自宅倉庫で首をつって自殺。大阪府富田林《とんだばやし》市では中学一年の女子生徒が遺書を残して飛び降り自殺。また、一四日、新潟《にいがた》県神林村の民家敷地《しきち》内にある農作業場で、この家に住む中学二年の男子生徒が、首をつって自殺した。男子生徒は、校内の清掃《せいそう》時間中に級友らにズボンを下ろされ、帰宅するスクールバスの中で周囲に「死にたい」と漏らしていたという。一二日、山形県南部の県立高校で、校舎二階と体育館をつなぐ渡《わた》り廊下《ろうか》の屋根から同高二年の女子生徒が飛び降り自殺した。女子生徒の携帯《けいたい》電話に、「言葉によるいじめを受けていた」という趣旨《しゅし》の書《か》き込《こ》みが残っていた。(以上、すべて YOMIURI ONLINE より)

たしかに、こうして並べてみると「いじめ自殺」が続発しているように見える。

当時、新聞やテレビのニュースを見ることを習慣にしていた読者には、一〇月に、となんでもなく「いじめ」がエスカレートし、その結果、それを苦に自殺する児童・生徒が激増したという強烈《きょうれつ》な印象が残されたに違《ちが》いない。

しかし、私が独自のルートで入手した少年（一九歳以下の子どもたち）の月別の自殺者数を表すデータ（九五頁図表参照、発見ベース、原因はいじめとは限らない）では、一〇月の自殺者数は九月よりグッと減っているのである。

平成一八年には月平均五二人の少年が自殺しているのだが、一〇月は四七人だった。ちなみに平成一六年は総数五八九人で月平均四九人、平成一七年は総数六〇八人で月平均五一人だから、全体としても激増したわけではなかったことが分かる。

北海道滝川市の女子児童のケースでは、自殺を図《はか》ったのは平成一七年九月で、それを教育委員会が隠蔽《いんぺい》していたとして二年後の一九年一〇月に大きく報道された。「イジメ自殺」が一〇月に一挙に噴出《ふんしゅつ》した感じがしたものだが、そのなかには、このケースのように過去に起こった事件も入っていたわけだ。

入手したデータを見ると、もう一つ、気になることがある。

平成一六年も一七年も、いずれも一一月には少年の自殺者が減っているのに、一八年だけは全く異なるカーブを描《えが》いていて、激増している点だ。しかも、一二月の水準もそのまま高い。

ちなみに平成一六年の一一月、一二月の少年の自殺者数は三七人、四一人と二か月で七八人、平成一七年は三八人、四一人と二か月で七九人。それなのに、平成一八年には、五六人、五六人と、二か月で一一二人に跳《は》ね上《あ》がっているのである。

私は加熱した「いじめ自殺」報道が、少年たちの自殺の誘因の一部になってしまったことを否定できないのではないかと考えている。

小学生は前年の七人から一四人と倍に、中学生は六六人から八一人へ、と小中学生で三割も増えているからだ。

いっぽう、高校生では二八八人から三一五人、その他大学生・専門学校生や有職の少年では三二〇人から三〇八人と、高校生以上の少年ではそれほどではない。

平成16～18年　少年・月別自殺者数

	1月	2月	3月	4月	5月	6月	7月	8月	9月	10月	11月	12月	計
平成18年	44	43	59	58	50	56	45	51	58	47	**56**	**56**	623
平成17年	51	43	59	64	57	43	51	53	62	46	38	41	608
平成16年	61	43	38	59	49	55	45	55	59	47	37	41	589

注）本統計は、自殺者の発見月計上である。

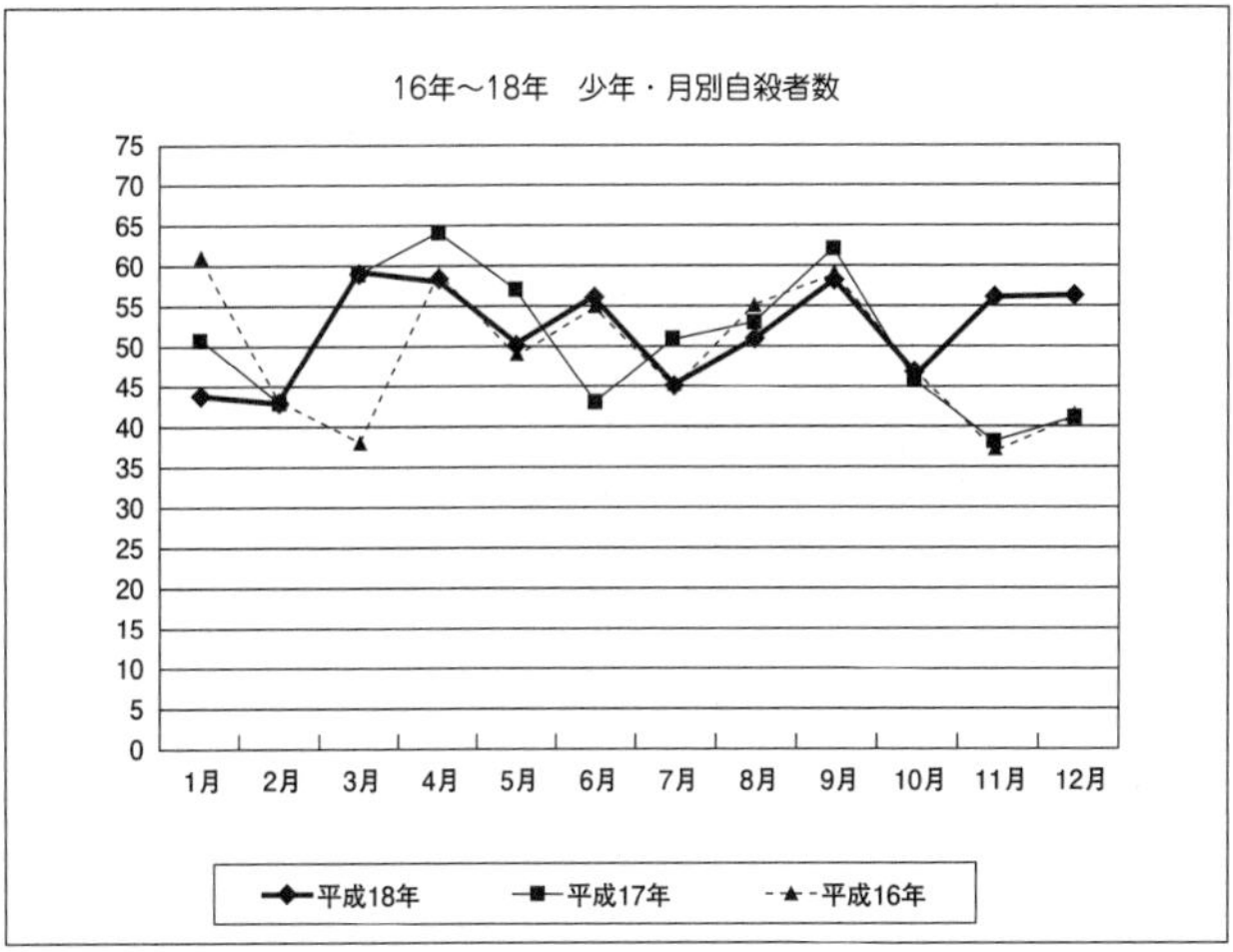

（出所）文部科学省を通じて、警察庁から入手。

小中学生では、テレビを中心としたマスコミの報道が直接間接の影響《えいきょう》を受けやすい。むしろ間接の影響、つまり、報道そのものよりは、それを受けての親たちの騒ぎようと、子ども同士のコミュニケーションの渦《うず》にさらされる危険の方が大きいのかもしれない。

マスコミにはキツい意見だが、有識者の間には「自殺報道の後には自殺が増える」という指摘《してき》もある。

だから、欧米《おうべい》には「自殺報道」の仕方に関する規定を定めている国もある。自殺しようとしている人や想像を絶する逆境に喘《あえ》ぐ人に、あまり鮮明《せんめい》なイメージが伝わることのないように、自殺の方法や動機については具体的に報じないというルールだ。

小中学生などは、いじめに対する最終手段として、自殺によって、いじめっ子に「報復」しようとしても不思議はないからだ。それほど命は軽いのかと問われれば、「そう考えてもおかしくないほど、子どもを巡《めぐ》るメディア状況《じょうきょう》はヤバいんですよ」と答えるしかない。

死に対する感覚が希薄《きはく》な子どもたち

ゲームの中での主人公の生き死にが何度でもリセット可能なことは、指摘されて久しい。が、それ以上に、彼《かれ》らが読んでいるコミックの中に、あの世とこの世や、現世と来世を行き来するような物語が多数出てくることも見逃《みのが》せない。小説でも、テレビドラマでも、死者が残された者とつかの間の生活を過ごすような「蘇《よみがえ》りもの」がヒットした。子どもの世界にも、大人の想像を絶するほど、宗教的な情報が渦巻いているのである。

それに比べて、「生」や「死」に関する実体験は圧倒的《あっとうてき》に少ない。

赤《あか》ん坊《ぼう》が生まれてきたり、お年寄りが死んでいったりする現実を家の中で目にすることは、ほとんどなくなった。みんな病院で生まれ、死んでゆく。だから、小さな子にとっては、宅配便で運ばれるように、いつのまにか赤ちゃんがやってきて、いつのまにか老人は目の前から消えてしまう。昆虫《こんちゅう》や動物の死でさえも、空き地や草むらでバッタと戯《たわむ》れていない都会っ子たちには現実感が薄《うす》い。フナやカエルの解剖《かいぼう》もさせていない学校が多いから、「死」に対する感覚が研ぎすまされるはずがない。

だから、死んだらもうお仕舞《しまい》なのではなく、いじめっ子たちが警察に処罰《しょばつ》されるところを、どこか浮遊《ふゆう》する眼差《まなざ》しでもって「観《み》られる」と考えている可能性もある。マスコミが騒げば騒ぐほど「報復手段としての自殺」という観念が沸《わ》き上《あ》がってくるのだ。

私自身は二〇〇六年一二月に、文部科学副大臣によって招集された「いじめ問題に対処するための有識者会議（のちに改称《かいしょう》して、子どもを守り育てる体制づくりのための有識者会議）」のメンバーとして、「自殺は報復にはならない」というメッセージをテレビなどで発信してきた。

死んだら真《ま》っ暗闇《くらやみ》が続くだけで、いじめっ子がお仕置きを受けている場面はテレビや映画のようには観られないんだよ、というメッセージだ。報復をしたければ、なんとしてでも他人に話して、大人のチカラを借りて処罰してもらうしかない。

しかし、考えてみれば、ほとんどの宗教団体が描く世界観も、死んだ後の天国や来世の存在を前提としているから、「死んだら終わり」というメッセージは無力であったかもしれない。

道徳的に「自殺はいけない」と説いたとしても、「だったら、なんで大人は年間に三万人以上も自殺しているの？」「松岡《まつおか》農林水産大臣だって自殺したでしょ」と返された瞬間《しゅんかん》に、その「道徳」は意味を失ってしまう。

だから私は、自殺については、普段《ふだん》から学校でもタブーにせず話題に出し、授業で取り上げて議論するしかない、と考えている。旧来型の「道徳」で感情的に「いけません」と言って押《お》し切《き》っても、あまりにも無力なのだ。

ちなみに、「よのなか」科の「自殺と安楽死の是非《ぜひ》をディベートする」授業では、次のようなケースを読んで、その是非を議論する。

『私は一五歳。学校も家もつまらない。みんなくだらないことばかりに夢中になっている。何が面白《おもしろ》いのか、意味が全然わからない。そもそも、この「よのなか」には、意味なんてないのかもしれない。もう生きているのに疲《つか》れた。誰《だれ》にも迷惑《めいわく》はかけたくない。人知れず、富士の樹海に姿を消そう……』

こんなことは議論すべくもない、「ダメなものはダメなんだ」と教条的に押し切ろうとする輩《やから》には、少年たちの気持ちは永遠に分からないだろう。世界に目を向ければ、イスラム教のように、自殺を含《ふく》めてアッラーの神の思《おぼ》し召《め》しであり、個人の選択《せんたく》に委《ゆだ》ねられるとしている人たちもいるのである。

「よのなか」科でもう七年も続けている上記のディベートでは、いつも決まって争点となることがある。

「自分のいのちは、はたして、自分のものか？」というテーゼだ。

「もの」と同様に、自分の命は自らの「所有物」だと割り切れるならば、それを処分する自由もありそうな気がする。でも、「自分限りのもの」じゃないとしたら……もっと

「つながったもの」だとすれば……どうなんだろうということになる。

感情的に押し付けられた道徳より、議論することで理性的に納得《なっとく》した知恵《ちえ》のほうが「新しい道徳観」として身に付く結果になるはずだ。

いじめを短絡的に理解しない

もう一つ、指摘しておきたい。

大人の誤りは、「いじめ自殺」問題として、「いじめ」と「自殺」を一緒《いっしょ》くたにして議論してしまったことだ。

本来、低年齢層《ていねんれいそう》の自殺は「自殺」として別個に対策が急がれねばならないのに、「いじめ」から「自殺」に結びつく過程があまりにも衝撃的《しょうげきてき》だったために、いつのまにか「いじめ自殺」という言葉が一人歩きしてしまった。日本の大人のとる行動が旧来の道徳的な感受性のツボにはまると、マスコミの論調に後押しされながら、いつも感情的な帰結を求めるクセがあるからだ。

おおむね、こんな手順である。

①事件が起こると一番感情に訴える部分がセンセーショナルに報道される。

②すかさず、こんな事実も、こんな意見も、こんな人物も、と魔女狩《まじょが》りのような犯人探しの一大キャンペーンがそれに続く。

③誰が「犯人ないし悪者」かがムードとして決定すると、表面的な対処もしくはマスコミからの糾弾《きゅうだん》という社会的制裁だけでコトが済んだかのような印象をもって、キャンペーンが終了《しゅうりょう》する。

日本人は、ファッション、ブーム、キャンペーンのような「お祭り」は大好きなのだが、その嵐が過ぎたあとのことには、あまり気が回らないようだ。しかし、「自殺」と「いじめ」については、いっときのキャンペーンで済ますわけにはいかない。

冒頭《ぼうとう》に挙げた「北海道滝川市の女子児童のケース」でも、問題は複雑だ。実際、隠蔽があったのかどうか、私には確認《かくにん》のしようがない。教育長が辞職し、校長、教頭、担任教諭が処分されているほどだから、それ相応のことがあったのだろうと推測するしかない。いったんマスコミが「隠蔽」と騒げば、必ず、対象である学校や教育委員会や文科省が悪者になる。しかし、こと「いじめ」に関しては、学校での対処はそれほど単純にはいかないのが現実だ。

現場を預かる校長の立場から、その難しさに触《ふ》れてみる。

まず、「いじめ」が起こった時点で教師がそれを捕捉《ほそく》したとき、テレビドラマにありがちな「いい者」と「悪者」、「強者」と「弱者」の二項《こう》対立がはっきりとしない場合がある。多くの場合、割り切れないのだ。やられた方がやる方に転じていたり、成績の良い強者が無視の対象になっていたり。好きな男の子が振《ふ》り向《む》いてくれないことを、無視されたとして「いじめ」として申告してきたり。

明らかに強者が弱者を小突《こづ》き回《まわ》すような「弱い者いじめ」なら、割って入ればそれで済む。だが、ケータイが絡《から》んだネット上の「いじめ」も含めて関係はより複雑になっており、捕捉が困難なケースも多い。だから、現場での事実確認に時間がかかる。また、多くの場合、A君とB君、CさんとDさんという二人の関係ではなく、大勢を巻き込んだ関係者間の問題となるので、罰《ばつ》する際の難しさもある。

つまり、「いじめっ子」と「いじめられっ子」という単純構造ではないからだ。その周辺に、助けようとしたらいじめられて結局いじめる側にオルグされてしまった子や、何も言えずに黙《だま》っている子、あるいは、いじめを制止することはできなかったけれど、いつも一緒に帰ってあげていた子や、止められない罪の意識に苛《さいな》まれて体調を崩《くず》す子など、人間関係はつねに多層的なのである。それを一緒くたにして、「いじめを受けていた子以外はみな加害者で同罪だ」とする大人もいるが、そんなに割り切れるものではないと思う。

さらに、「いじめっ子」と「いじめられっ子」のどちらにも、軽度発達障害があるケースもあるから、なお、対処には慎重《しんちょう》を要する。

どちらにしても、学校で起こった「いじめ」の対処に関しては、教員集団のチームワークが一番大事だ。また、事件になるほどのケースでは校長のリーダーシップが欠かせない。マスコミの対応一つとっても、もう少し校長が自分の言葉で語れれば、それほどの信用失墜《しっつい》には結びつかなかっただろうにと感じることは多い。

学校を開かれた空間に

つぎに、学校での対処のあり方について、私見を整理して述べてみる。

まず「自殺」について。

「不審死《ふしんし》」（自然死でも病死でも事故死でもない）の一つなのだから、警察への通報が義務であり、刑事的な調査がなされることが筋だと私は考える。「学校は教育の場だから、警察の介入《かいにゅう》はないほうが良い」という旧来の道徳観は捨てたほうがよい。ただし、「自殺」の場合、ご家族が伏《ふ》せてほしいと意思表示するケースもあることを断っておく。

子どもを取り巻くコミュニケーション世界は、もはや、親や教師が想像できないほど複雑に錯綜《さくそう》している。「時代が変わっても、子どもは所詮《しょせん》子どもであり、何も変わっていない」というベテランの教員にありがちなロマン主義は、むしろ危険ですらある。

ことメディア社会において、必要以上の情報の渦に取り巻かれる子どもたちの環境《かんきょう》に鑑《かんが》みれば、どんな衝動が起こっても、「死」に対してどんなイメージを抱《いだ》いても、自分に向かってくる壁《かべ》を排除《はいじょ》する行為が大人の常識を超《こ》えていても、不思議はない。この理解が第一だ。

だから、学校を閉《と》ざされた空間にしてはならない。

世間から隔絶《かくぜつ》された空間で、ひたすら教師が児童・生徒に知識を降り注ぐ場所として存続させてはならないのである。地域社会が学校の教室空間を取り囲むように、何人もの大人が、毎日学校に顔を出すようにすべきだろう。

広い校庭の緑の世話でも、図書室の本の読《よ》み聴《き》かせや放課後の貸し出しにも、コンピュータ室のパソコンのサポーターや総合学習のゲストティーチャーにも。はたまた、土曜日学校での宿題指導や放課後の居場所事業の遊びのボランティアにも、大人と一緒に学ぶ文化講座や地域から講師を呼び入れた英語の補充《ほじゅう》学習にも。

あらゆる機会をとらえて、教師でもなければ親でもない大人（利害関係のない第三者）を学校に導入せよ！

よぉー

これが私の最大のサジェスチョンだ。

そうして、子どもたちと教師でも親でもない大人たちとの「ナナメの関係」をより豊かに結ばせること。

「ナナメの関係」の多様性こそが、子どもたちが生《い》き抜《ぬ》いていくときのリスクヘッジになる。さらに、そうすることによって情報が学校の内外で結ばれるから、いじめや、それが直接間接のキッカケになった自殺を隠し通せることもないだろう。隠蔽できないほど、学校システムをネットワーク状に開くのだ。

昔なら、地域社会にゴマンとあった、親族ではないおニイさん、おネエさん、オジさん、オバさん、おジイちゃん、おバアちゃんとの関係。親にも教師にも言えないことを、そうした「ナナメの関係」の大人には漏らすかもしれない。親子や教師・生徒といった「タテの関係」や、友だち同士の「ヨコの関係（タメの関係）」では見えないことにも「ナナメの関係」の視線からなら、気づいてあげられる可能性がある。

子どもが育つには、親や先生のように「評価する目」だけではなく、「利害関係のない（ある種いい加減で太っ腹な）寛容《かんよう》の目」で見つめられることが必要なのである。

じっさい、地域社会にあった「ナナメの関係」のおかげで、私たち大人の世代は生かされてきた。先生に怒《おこ》られたとき、友だちに無視されたとき、親にドヤされたり叩《たた》かれたりしたとき、隠《かく》れ家《が》の提供や慰《なぐさ》めによって、生きる居場所を保障してもらえた。

それが、今の子どもたちには、ない。

「生きやす過ぎる」現代社会

大人たちの子ども理解のために、そんな少年少女たちへの私からのメッセージ（ある新聞社に投稿《とうこう》し、その後、福井《ふくい》県の平成一七年度の「国語」の高校入試問題に使用された文章）を以下に引用してみる。

「生きにくい」のではなく「生きやす過ぎる」のだ

「生きにくい」時代だといわれる。

私はそうは思わない。一〇代のあなたがたが、もし「生きにくい」時代だと感じるとしたら、それは現代が「生きやす過ぎる」からだろう。

いまから一〇〇年ほど前、一九〇〇年時点での平均寿命《じゅみょう》は男で四三・九歳、女で四四・八歳。人生は四〇年だった。あなたがたのお父さんやお母さんの年には亡《な》くなっている人も多かったから、親がいなくても当然。だから、無我夢中で稼《かせ》いだり、食べたり、生きることに必死でいられた。

その後平均寿命は医学の発達により延《の》びていくが、第二次大戦敗戦直後の一九四五年には男が二三・九歳、女が三七・五歳というデータもある。戦後の日本はひたすら「長生きできる国づくり」を標榜《ひょうぼう》して健康を増進し、保険制度や医療《いりょう》制度を整えたから、二〇〇〇年には男女の平均寿命《じゅみょう》が八〇歳代に乗った。外国との戦争や内戦、あるいは国の根幹を揺《ゆ》るがすような大規模な災害がなかったこともある。

人生は八〇年に。およそ一〇〇年間で寿命が倍に延びたのである。

いっぽう、私たちを取り巻く環境は、この間「超《ちょう》コンビニ化社会」を目指してきた。お金を入れてボタンを押せば飲みたい缶《かん》ジュースが出てくる。そうした自動販売《はんばい》機のように、社会のすべては「コンビニ化」してきた。街角のコンビニで三〇分ほどマンガの立ち読みをしオニギリとコーラを買って戻《もど》ってくるのに、もはや一言も発する必要はないだろう。

商店街での値段交渉《こうしょう》や条件交渉はなくなった。料金はバーコードで読み取られレジで計算されるから、誰も計算することはない。その後電車に乗ってケータイのメールを読み返信していれば、いくらでも暇《ひま》は潰《つぶ》せるし、なんとなく友だちとつながっている感覚が得られる。

一〇〇年前のように、親が頼《たよ》りにならなくて食いぶちを稼《かせ》ぐ面倒はないから、バンドをやるのにギターが買いたいというようなときだけバイトをやれば済む。デジカメでもケータイのカメラでも好きなだけデータを記憶《きおく》してくれるから、フィルムが貴重で現像代も高かった昔のように一枚一枚大切に撮《と》ることはない。バシャバシャ撮ってメモリーにためておけばいいのだ。

「超コンビニ化社会」は、そのように、人間の工夫《くふう》や人間同士のコミュニケーションを奪《うば》ってゆく。

戦いや飢《う》えはない。生命の危機が感じられないから、必死に生き抜く切迫感《せっぱくかん》はない。しかも人生が長くなっているのに、面倒臭《めんどうくさ》くて時間のかかることがドンドンなくなる。何のために生きるのかが見えにくくなってくる。

あまりに「生きやすい」からこそ、とても「生きにくい」時代なのだ。

だから、一〇代のあなたたちが「なんか、居場所がないんだよナア」とか「どうやって大人になればいいか分からない」とか「どうも、生きる実感がない」とか思ったとしても、べつに不思議なことではない。

平和で、便利で、あんまり魅力的《みりょくてき》な生きざまをしている大人がいないように見える、まったりとした世の中では、アフガニスタンの孤児《こじ》のために学校を創《つく》りに出かけたり、イラクの難民を救いに行ったり、そうした突出《とっしゅつ》した行動に出なければ「生きてる実感」は得られないかもしれない。

それが出来そうにない多くの人たちには、日常生活の中で、意識的に危機を演出してみることをお奨《すす》めする。やっていけるかどうか分からない世界にチャレンジするのだ。英検二級にチャレンジする、いきなりボクシングを始めてみる、一週間自炊《じすい》してみる、一か月間ケータイやパソコンから遠ざかる、一人旅で縄文杉《じょうもんすぎ》に会いに行く……ルールはたった一つ。

仲間を募《つの》らないこと。あなた自身が一人で決断し実行すること、だ。

これは、まったりと生きている現代の若者へのメッセージであり、こうした新聞を読むゆとりがあり、教育問題に関心のある親に読ませたいという意志で書いたものだ。けっして「いじめ」られていたり、「自殺」を意識するほど追いつめられている少年少女たちに向けられたものではない。

現代の親や先生たちには、子どもたちを取り巻く「生《い》き甲斐《がい》」の状況でさえも、こんなふうにタフなんですよ、と分かってもらいたい。「生き甲斐」などと大げさに言わなくてもいい。大人たちには当たり前のように思える「生きている実感」が、自然に生きていてはなかなか得られないという、子どもたちの住んでいる世界のタフな感覚をだ。

「生きやすい」「ナナメの関係」からこそ、とても「生きにくい」のである。

だから、「ナナメの関係」で支えないと弱い。

家のような建物でもそうだろう。タテに支える柱とヨコを支える梁《はり》だけでは住宅は弱い。ナナメに支える「筋交《すじか》い」があってはじめて、地震《じしん》に強い家になる。

人間関係もこれと同じだ。

「自殺」にいたるかどうかは別として、「いじめ」に特効薬はないと私は思う。だから、日頃《ひごろ》からの「ナナメの関係」の構築が大事なのである。

いじめをゼロにすることはできない

つぎに、「いじめ」について。

ほとんどの大人は勘違《かんちが》いしている。道徳の復興による「いじめゼロ運動」をすればよいなどと、嘯《うそぶ》いている人たちだ。良心の作用によって人間社会からいじめがなくなるというのなら、とうの昔に、いじめは一掃されているはずだ。そのわりには、ずいぶんと評価が高い戦前の「修身」の教科書で学んだ大人たちの間でさえ、いじめがなくならないのは何故《なぜ》だろう。

いっぽう、「ゼロ・トレランス（ルールによってすべて厳しく罰すれば良い）」という名のロマン主義も闊歩《かつぽ》する。

まず最初に「いじめは、学校だけでなく、どの世界にも必ず発生する」という認識をすべての大人がもつことがベースだろう。

テレビ局にも、文部科学省にも、ＰＴＡの組織にも。異なる考えや文化を持った他人同士が集まれば、人間社会のクセとして、いじめは発生するのである。

先生方は職員室の有りようを見ればよい。あなたの学校の職員室には外部の大人がどれほど入って来られるだろうか。ゲストティーチャーや学生ボランティア、部活の外部コーチ、PTAの役員などが入ってくると、露骨《ろこつ》に嫌《いや》な顔をする教員が必ずいるはずだ。それが「いじめ」でなくて何だろう。和田中でさえ、それらの人々が職員室で給食を一緒に食べられるようになるまで何年もかかった。

道徳の授業を正式に教科化せよと説く政治家たちでさえも、国会内での明らかないじめの数々を、テレビで公に披露《ひろう》してくれているではないか。大人社会で、いじめている当人が、子どもたちに「いじめは許さない！」などと諭《さと》しても、笑われるだけだ。

だから、いじめをゼロにすることはできない。

では学校では、どうすべきか。

大人はいじめを発見し、いじめに対処するのだという姿勢を、子どもたちに見せ続けることが大切なのだと思う。

だが、すべてのいじめに出席停止などの厳罰で対処することには反対だ。前述したように、学校で子どもに「ゼロ・トレランス」のルールを適用するなら、大人にも適用されて当然だから、たいていの職員室は空っぽになってしまうのではなかろうか。

どうも、日本の大人は、ものごとを捉《とら》えるのに、短絡的に判断しすぎるきらいがある。二〇世紀後半の単純な成長社会ならともかく、二一世紀の複雑な成熟社会には、そんなに「一般解《いっぱん》（みんなに当てはまる正解）」があるわけはないのである。

いじめのレベルについて

したがって、私は、すべての「いじめ」を「い」「じ」「め」と平仮名で書くことにも違和感《いわかん》がある。

いじめは、三つのレベルに分けて捉えるべきだろう。

レベル1は、じゃれ合いのようなもので、子どもたちだけで収めていける可能性があるもの。場合によっては教師が放置することで、リーダーが生まれる。大人が介入して早くつぶそうとすると、ターゲットを変えて横滑《よこすべ》りする可能性もある。

こうした「いじめ」は「いじめ」と表記してもよいと思う。専門家の間では「猿山《さるやま》のサル型」とも呼ばれる。異なる複数の小学校から生徒が集まる中学校などでは、一学期いっぱい、男子、女子問わずにつば迫《ぜ》り合《あ》いが起こり、通常は夏休み前には力関係が安定してゆく。だから、この時期の校外学習や運動会などのイベントが重要になる。友だちの異なる面が見られるからだ。

無条件にこうした動きを潰せば、少なくとも、男の子が大人になる大事なプロセスの一つを潰すことにもなるだろう。力関係の模索《もさく》は、世の中に出れば、どこの世界でも必要な手続きだからだ。さらに、女の子も含めて、人間関係を模索するチャンスが大幅《おおはば》に減じられる。ただでさえ、日常のコミュニケーションによって傷ついたり傷つけたりすることを必要以上に恐《おそ》れる傾向《けいこう》の強い現代っ子にとって、「ゼロ・トレランス」は致命《ちめい》的《てき》だ。先生方も含めて、人間関係にコミットしようという積極的な意欲自体を失わせかねない。

レベル1のいじめ対策については、一人担任制を改め複数担任制を敷《し》く学校もあるが、いずれにせよ、複数の大人が（地域の大人も含めて）一人一人のキャラを掌握《しょうあく》するに越したことはない。

校長も例外ではない。一年生が一〇〇人程度の所帯であれば、すべての生徒のキャラを把握する必要があるだろう。そのためには、校長も授業を持ったり、部活に出たり、校長室を開放して自由に会話できる風土をつくらなければならない。

レベル2は飛ばして、先に**レベル3**について述べる。

レベル3は「暴力」と「金」が関わるいじめだ。これはいじめではなく「恐喝《きょうかつ》」と「傷害」なので、即《そく》警察へ通報すべきである。「いじめ」という平仮名では実態を表さない。「虐《いじ》め」がより実態を伝える表記であろう。これには「ゼロ・トレランス」が適用されてよい。一九九四年一一月に愛知県西尾《にしお》市で起こった大河内清輝《おおこうちきよてる》君の「いじめ自殺事件」も、一九八六年二月の中野富士見中、鹿川裕史《しかがわひろふみ》君の「いじめ自殺事件」も、この範疇《はんちゅう》だった。

ベテランの教師は、とかく生徒の生活指導問題を「教員個人の徳力、人間力の発揮のしどころであるとして、問題のある子を感化しよう」とする傾向があるのだが、それは思い上がりである。

何度も言うが、子どもを取り巻く情報環境が今と昔とは違う。

子どもたちは、学校での授業を年間に八〇〇時間ほど受けているが、それ以上の時間をテレビからの情報に身を浸《ひた》して過ごしている。ケータイを使っている子は、さらにケータイネットを経由したコミュニケーションの渦の中で、言葉によるいじめに揉《も》まれているかもしれない。

今も昔も、「恐喝」と「傷害」がからんだ**レベル3**の「虐め問題」は即「いじめ自殺」に発展する可能性があるだけに、警察への連絡《れんらく》と刑事事件としての対処が必要なのである。

複雑ないじめにどう対処するか

対処が一番難しいのは、**レベル2**のいじめだ。

成り行きによって自然に解決する場合と犯罪に進化する場合、両方の可能性を秘《ひ》めている。「いじめ」と「虐め（恐喝と傷害）」の間だから「イジメ」くらいに表記するのが適当かしれない。

「ゼロ・トレランス」派が主張する「出席停止」などの厳罰は**レベル3**のいじめには有効だが、**レベル1**ばかりでなく、**レベル2**に適用するにも無理がある。段階を無視して適用すれば、**レベル1**、**2**の子どもたちを**レベル3**に押し上げることになるからだ。やがて彼《かれ》らは野に放たれて、さらに悪質な行為に手を染《そ》めることになりかねない。そうなれば、安全保障問題にも発展するのが、どんなに先の見えない評論家にも分かるはずだ。

レベル2のいじめの中では、専門家が「みにくいアヒルの子型」としているものが多く見受けられる。

仲間はずれになるのが怖《こわ》いから、相手のちょっとした差異を指差して先制攻撃《こうげき》し、自分はグループの一員であることに安住するというような、いじめである。

その拡大バージョンは、集団の内部になんらかの不安がある場合、ある人間の差異をあげつらって差別し、集団全体に危機感を醸成《じょうせい》して安定を保とうとするようなダイナミックな動きになる。小さい場合には、受験で緊張と不安が交錯するクラスに発生するし、大きなケースでは、ナチスのホロコーストが同様の構造だ。ヒトラーはユダヤ人をスケープゴートにして、ドイツの失業者の困窮《こんきゅう》をユダヤ商人のせいにした。外敵をつくり出し、内政的な不安から目を逸《そ》らさせようとしたわけだ。

ケータイ電話の仲間同士の間でも、これがしばしば起こる。

相手から来たメールに一五分以内にレスしないとハブられる、というような新種のいじめだ。「レス」というのは「返信」のことで、「ハブる」というのは村八分を省略した造語。「無視する」という動詞だ。

仲の良かったA子とB子のうち、たとえばA子がメールに飽《あ》きてB子への返信が遅《おく》れたとしよう。そこに、たまたまB子と仲の良いC子が加わって「そういえばA子って、最近レス遅いよねえ。な・ま・い・きジャン?」てなことに。ブログやミクシィに彼氏との写真を載《の》せたり、どこに一緒に遊びに行ったと無邪気《むじゃき》に報告していたら、最初は

「素敵《すてき》！」とか感激されていたものが、やがて「チョーうらやましー」と羨望《せんぼう》され、最後には「なにさまのつもり、アイツ」ということにもなる。

家庭でなにか寂《さび》しさを抱《かか》える子ほど、関係がキレたときの攻撃性が強い。金持ちか貧しいかとか、学力の高い低いには関係ない。

そんなこんなで友だち関係はドンドン変化するから、学校の担任も気づかなかったりする。しかも、ケータイを通したコミュニケーションは、路上（ストリート）から路上や自室（ルーム）から自室で行われるから、先生がつかめるわけがない。

いじめられている方は、急に自分がターゲットにされても親や先生には伝えられないのが実情だ。小学生にも中学生にもプライドがあって、「自分がやられている」なんてこと死んでも好きな人（親や先生）には言いたくない、という心理が働くからだ。

それでも、大人は、あきらめるわけにはいかない。

では、私たちは、**レベル2**のいじめに、どのように対処すべきなのか。

教師は、情報が入った場合には、いじめに関わった人間を個別に呼んで、一人の教員が一人の子どもについて、何が起こったかをインタビューし、事実関係を特定する。はじめは自分のイメージに合う好ましい印象で話すことが多いから、事実確認は多面的に裏付けを取りながら進める必要がある。子どもはいつも正直なわけではないからだ。

その後、子どもを個別に呼び出し指導するわけだが、集団で親も全部呼び出して反省会をやらせる、などの対応をすることもある。その場で、リーダー格の親御《おやご》さんから、子どもたちに反省を促《うなが》すために、ボランティア活動を継続的《けいぞくてき》にさせたいというような建設的な意見が出てきた例もある。

このへんのノウハウが、都会の小規模校では継承されない危険がありそうだ。ワイングラス型といわれる人員配置で、多数の年寄りとわずかな新米しかいない学校では、中《ちゅう》堅《けん》のベテラン教師がいじめへの対処について、上手く技術移転できないからだ。また、校長が前面に出ず、教員任せにして引っ込んでいるようでは解決はままならない。

早寝《はやね》、早起き、朝ごはんといった生活習慣の基本をしっかり指導し、小学校では算数と国語、中学校では英語と数学のような基礎教科から落ちこぼれがないようにする努力

今の子はサイレントでケンカか……

は必ず報《むく》われるだろう。なぜなら、生活習慣と基礎《きそ》学力で落ちこぼれた子が、小中学校ではヤンチャ（悪さやいじめを含む）をすることが多いからである。

さらに、世の中の仕組みを知る総合学習と織《お》り交《ま》ぜながら「対人関係をつくるコミュニケーション技術（エンカウンター・トレーニング）」や「自分の感情をマネジメントする技術（セルフ・コントロールやライフ・マネジメントのスキル）」を磨《みが》く学習を加えれば、学校からいじめを減らすことは可能なはずだ。

「新しい道徳」を提案する

和田中で、「よのなか」科ジュニアとして一年生に教えているのは、このような「対人リテラシー」に関わる「新しい道徳」である。

学校は授業する場所。その強みを生かして、授業で「いじめ」や「自殺」を怖がらず、学習させることも重要だ。

私自身は大河内君や鹿川君の遺書を題材に「よのなか」科ジュニアの授業をする。

こうした授業を実施《じっし》することから逃《に》げ腰《ごし》の教師には、つぎの遺書を読んでほしい。部分しか載せないが、これを読んで心を動かされない子どもがいるだろうか。

大河内君の遺書（部分）

『家族のみんなへ

14年間、本当にありがとうございました。僕《ぼく》は、旅立ちます。でも、いつか必ずあえる日がきます。その時には、また楽しくくらしましょう。お金の件は、本当にすみませんでした。働いて、必ずかえそうと思いましたが、その夢もここで終わってしまいました。そして、僕からお金をとっていた人たちを責めないで下さい。僕が素直に差し出してしまったからいけないのです。しかも、お母さんのお金の2万円を僕は、使ってしまいました（でも、一万円は、〇〇さん〈おばの名〉からもらったお年玉で、バッグの底に入れておきました）

まだ、やりたいことがたくさんあったけれど、……。本当にすみません。いつも、心配をかけさせ、ワガママだし、育てるのにも苦労がかかったと思います。おばあちゃん、長生きして下さい。お父さん、オーストラリア旅行をありがとう。お母さん、おいしいご飯をありがとう。お兄ちゃん、昔から迷惑をかけてスミマセン。○○〈弟の名〉、ワガママばかりいっちゃダメだよ。また、あえるといいですね。

最後に、お父さんの財布《さいふ》がなくなったといっていたけれど、2回目は、本当に知りません。

see you again』

（品川区立浜川中学校PTA発行「心の中へ…——冒険の旅」より）

私は、この文章を読むたびに、「お父さん……ありがとう。お母さん……ありがとう。お兄ちゃん……スミマセん」と幾重《いくえ》にも感謝して逝《い》ってしまった、大河内君のやさしさと無念に圧倒され、生徒の前でも声を詰《つ》まらせてしまう。

鹿川君の遺書（部分）

『俺《おれ》だってまだ死にたくない。だけどこのままじゃ「生きジゴク」になっちゃうよ。ただ俺が死んだからって他のヤツが犠牲《ぎせい》になったんじゃいみないじゃないか。だから、もう君達もバカなことをするのはやめてくれ、最後のお願いだ』

（子どものしあわせ編集部編『いじめ・自殺・遺書――ぼくたちは、生きたかった！』より）

鹿川君の最後のお願いは、自分を助けてくれということでなく、自分の替《か》わりに他のヤツをいじめるな、ということ。なんて切ない、やさしさ、だろう。

私は、こうした遺書の部分を生徒に読ませたうえで、「いじめはいけない」とか「自殺はいけない」という道徳的な言葉はあえて発さない。自殺の悲惨《ひさん》さに感情的に打ちひしがれ、その悲しさに涙《なみだ》したとしても、子どもたちの思考する回路が切り替わるとは思えない。それらを軽く扱《あつか》ってしまうメディアとの接触《せっしょく》が圧倒的に多いからだ。

「感情」に訴えるだけの「道徳」の無力さがそこにある。

学校での「道徳」の授業にありがちな方法論――「まあ、可哀想《かわいそう》」と泣かせて、感想文に「可哀想すぎる」といくら書かせても効果は疑問だ。子どものアタマの中では、圧倒的な現実を前に思考停止しているか、「可哀想だ」とパターン認識しているだけで、思考回路が回っていないからである。

だから、同時に「理性」にも訴えなければならない。「遺書」は導入に使うだけで、次に示す教材をメインにする。

『友だちいないと不安だ症候群《しょうこうぐん》につける薬』という本のなかで、齋藤孝《さいとうたかし》先生が奨めている、鹿川君の友だちだった岡山君の文章「自分が弱い人間であることを知られるのが、死ぬほどいやだった」(「葬式《そうしき》ごっこ」――八年後の証言より)である。コピーして輪読させ、この友人の言っていることについて、自分の意見を書きなさいと原稿《げんこう》用紙二〇〇字に作文させる。

「いじめっ子」でも「いじめられっ子」でもない第三者の証言を得ることで、子どもたちの鹿川君の事件に対する世界観がより奥行《おくゆ》きを増し、思考回路が刺激《しげき》されるからだ。

この友人は、いじめた張本人ではないが、それを黙殺《もくさつ》した人物の一人である。事件の八年後に大学四年生となって、この文章を書いている。自分の人間としての弱みについて真摯《しんし》に告白しているのがよい。

実際には、いじめについては、見て見ない振りをしたり、加担しないように無視する（つまり、ハブるという意味で加担している）群衆の方が多い。だから、その視点でえぐるように自分の内面を見つめる筆者の語りには説得力がある。私も、遺書に加えて、この教材を使って授業することを奨めたい。

最後に、いじめを抑制《よくせい》するには、教師だけでの学校運営を止めることである。

地域社会が崩壊《ほうかい》し、子どもは多様な職業の大人たちに揉まれる機会がない。つまり人慣れしないで育つから、なかなか大人になれない。

「現代社会は子どもが大人になれない社会だ」という認識が大事なのである。

その結果、他者とのコミュニケーションが不得意で、自分と異なるものを「キモイ、ウザイ、死ね」と遠ざける傾向がある子が多くなる。これがいじめを生み、いじめを大人に言わない原因ともなっている。

しかし、昔のような地域社会の復活は望めない。そこで、学校の中に教師以外の多種多様な人々を迎《むか》え入《い》れて、学校運営に参加してもらう。そうした人々との関係は、前述したように、教師と生徒のような「タテ関係」でも生徒同士のような「ヨコ関係」でもない、「ナナメの関係」となる。

学校を核《かく》に地域社会を再生する努力を続けて「ナナメの関係」が豊かに育てば、子どもたちの多様性を育て、いじめの発生の抑止力にもなるだろう。親にも言えないことを言える大人たちとの関係を生み出し、いじめがあればすぐ「タテの関係」に頼らずとも「ナナメの関係」の大人が知る可能性もでてくる。

学校は、大人と子ども、子どもと子どもが信頼関係を創造する場だ。厳罰ですべてのいじめを解決しようとする発想はなじまない。

第四章　新しい道徳観を求めて

1　男と女

二〇〇三年四月、私は東京都では初の民間人中学校長になった。

都立高校にはすでに民間出身の校長がおられたが、義務教育では初。しかも、定年の六〇歳《さい》まで勤めるのではなく、五年間の期限付き契約《けいやく》だったので、東京都は、それにあわせて条例をつくらなければならなかった。

このとき、東京都議会と杉並区議会で、ある議員から反対の声が上がった。

後で聞いて分かったのだが、どうやら私は「左翼系の理論家」と勘違《かんちが》いされていたらしい。実に名誉《めいよ》な話ではあるが、私は実際「左翼」でも「右翼」でもない。

なぜ、彼《かれ》らが勘違いしたかというと、［よのなか］科の授業の原典となった『人生の教科書［よのなか］』と『人生の教科書［ルール］』（ともに筑摩《ちくま》書房《しょぼう》、現在は合本して『人生の教科書［よのなかのルール］』として、ちくま文庫に収録）のなかに、ニューハーフの存在を肯定《こうてい》する記述があるからだ。

「ニューハーフの存在の肯定」＝「ジェンダー論の理論家」＝「左翼」というパターン認識《にんしき》である。ただし、「ジェンダー」とは、ここでは「生物学的な性」ではなく「社会的な性とその役割意識」を指す。

［よのなか］科の中では、「差異と差別を考える」授業として何度もテレビの取材を受けている。ニューハーフや女装家をゲストとして招いて、「差別」の本質を考えるのがテーマだ。

「いじめ」の章で解説した「みにくいアヒルの子型」の「いじめ」がどのように起こるのか、ゲストの口から語ってもらうのに、普段《ふだん》「オカマ」と総称《そうしょう》されている彼らが、一番しゃべってもらいやすいと考えた。「仲間はずれになるのが怖《こわ》いから、相手のちょっとした差異を指差して先制攻撃《こうげき》し、自分はグループの一員であることに安住するというような、「いじめ」について、「女の子っぽい男の子」として子ども時代を過ごした彼らのケースが、子どもたちには実に身近で分かりやすいからだ。

私は授業の最後にいつも、こう解説する。

『すべての人間に「差異」は当たり前にある。「男」と「女」、「背が高い子」と「低い子」、「太っている子」と「やせ型の子」というように。でも、その特定の「差異」に偏《かたよ》った価値観や偏見《へんけん》を付与《ふよ》して「差別」すると、それは「いじめ」にも発展する。背が低い子を「チビ」、太っている子を「デブ」と呼んではやし立てるように。その延長には、社会科で習ったヒトラーのホロコーストも。ユダヤ人の「差異」を「差別」して虐殺《ぎゃくさつ》した戦争の歴史は知っているよね。クラスでやるのも、戦争でやるのも、じつは、される方より「いじめ」たり「差別」しているほうが、大きな不安を抱《かか》えているケースが多いんだ。「いじめ」るのは、自分は寂《さび》しくて弱い人間なんですって、周囲に吹聴《ふいちょう》しているようなもんだってこと』

「チビ」や「ぎっちょ（左利き《ひだりき》）」は「差別用語」として「めくら」や「つんぼ」などとともに「放送禁止用語」に加わっているのに、いまだにテレビでは「オカマ」だけが公然と発言される。これも不思議な話だ。

私は、ニューハーフにも女装家にも、一所懸命《いっしょけんめい》生きている人たちを知っている。だから、男と女の間に、女性としての社会的な性を生きたい男性や、男性としての社会的な性を生きたい女性がいても、それを受け入れることができる。世の中には、ニューハーフより女性としてだらしなかったり、女装家の男性より潔《いさぎよ》くない男性がいっぱいいるからだ。ましてや「性同一性障害」という疾患《しっかん》は、赤ちゃんが母親のお腹《なか》の中にいるときのホルモン異常が原因の場合が多いとされる。障害の結果として「ジェンダー（社会的な性意識）」を超《こ》える人間が出てきたとしても、その出現率はそれほど多くはない。何を目くじら立てて「男は男らしく、女は女らしく」と騒《さわ》ぐ必要があるだろう。

私は「愛国心」についても、ないよりはあったほうがはるかにましだと考えている。

また、母も妻もそうであるように、女性が「主婦」であることを肯定するし、専業主婦には、働いているお母さん同様に敬意を表する。じっさい学校のPTA活動は、多くの「主婦」の献身的《けんしんてき》な努力に支えられている。

さらに私は、日本の成熟社会の進展を支えるには、地域社会ごとの自治に目覚めた「市民」の誕生が必須《ひっす》だと考える。じっさい、「よのなか」科のカリキュラムはその育成のために組まれているのだ。

一方、「ニューハーフ」や「女装家」を肯定するのは「左」で、「男らしい男」や「女らしい女」を支持し、したがって「専業主婦」という働き方に重きを置くのが「右」と、「パターン認識」族は定義するらしい。「市民」や「自治」という言葉を使うのは「左」で、「愛国心」や「公共性」という言葉は「右」だとも。

お互《たが》いの多様性を認めて生きていかなければならない「成熟社会」には、このようなパターン認識はそぐわない。一貫《いっかん》して「左」だったり「右」だったりするほうが無理があるからである。

さて、「左翼だ」「右翼だ」と人をどちらかのサイドに決めつけないと気が済まない旧《きゅう》態依然《たいいぜん》としたイデオロギー屋さんに、ここで質問だ。

私個人は「ニューハーフ」や「女装家」の存在を「男らしい男」や「女らしい女」と同様に認め、同時に「専業主婦」にも敬意を払《はら》って生きている。「愛国心」や「戦争で亡《な》くなった人々への哀悼《あいとう》」を大事に想う傍《かたわ》ら、日本の成熟社会に必須の「市民」の誕生に、教育面から貢献しているつもりもある。その「市民」は、「公共性」という共通のルールの上で「クレジット（他者からの信任）」をベースに動かなければならないだろう。したがって「市民教育」には、旧来型の感情にのみ訴《うった》える「道徳」ではなく、「公共心」を理性的に運用する技術、すなわち「リテラシー」教育が欠かせない。

だとすると、私はどっち側の人間なのだろうか？

ここに描《えが》いたような私の価値観は、多くの同世代の人々に共通するものではないか、という自負もある。

ひとつひとつのテーマに対して、「左」か「右」かの「パターン認識」ではなく、自分の思考回路を働かせて「納得解《なっとくかい》」を得る。「なんでも自由」や「なにより個人の個性が大事」の「新自由主義」とは違《ちが》う。「ミーイズム」でもない。全ての権威《けんい》を引き下ろし、横並びにしてしまう「相対主義」でもない。「公共性」を重んじながら「クレジット」を高めるために、社会に「貢献」しながら「自立」的に生きるという生き方は、ありえるのである。一つ一つの選択肢《せんたくし》にたいして、成熟社会を生きる大人として合理的な判断を下す方法だ。

「新しい道徳」は、そうした人たちのためにある。

「パターン認識」族は、いまだに日本人は「単一民族」だと疑わないかもしれない。しかし、日本は北方や南方から全く違う性質を持った民族が、混血してできた国だとする学説が根強い。

私自身は関東出身なのだが、二〇代の後半に大阪《おおさか》に半年暮らしたことがある。リクルートのある情報誌の創刊のために赴任《ふにん》したのだが、そこでバリバリの「関西商人」たちに鍛《きた》えられた。「半分八掛《が》け」という言葉を教えてくれたのも彼らだ。商品の原価はどれも売値の三割程度だから、まず半分に値切り、売り手が承知したら、その後

世の中には
二種類の
人間がいる
デパートで
値切る人と
値切らない人だ

最後の契約の段階で、あと二割値引きさせる。これでも売り手にはまだ一割の利益が残るというわけだ。

「関西人はデパートでも値切る」と聞いて、人種が違うと感じた想い出がある。褒《ほ》め言葉《ことば》だから、差別には当たらないだろう。

日本の中でも、関東と関西で、ものの感じ方にこれだけの差があるのである。日本人にもともとあった「美意識」を復興しようとするのはいいが、「単一民族」神話で「日本人」を一般化《いっぱんか》してしまうのはいただけない。

2　大人と子ども

大人と子どもの違いって何だろう？

これも、よく、「よのなか」科で継続的《けいぞくてき》に考えさせるテーマだ。

身長や体重では、その違いは測れそうにない。では、年齢《ねんれい》だろうか？　……法律的には、その定義が一番無難そうに見える。

でも、成人として酒を飲んだりタバコが吸えることや選挙権を持っていることを「大人の条件」とするなら二〇歳だけれど、衆議院議員への被選挙権《ひせんきょけん》なら二五歳。憲法の改正問題に絡《から》んで国会では「国民投票法案」が可決されたが、そこでは投票できる権利が一八歳まで引き下げられた。運転免許《めんきょ》も一八歳からだ。

新聞配達などの軽労働ができるのは一三歳からだし、刑事的な責任を問われるのは一四歳から。本格的に就労してよいのは一五歳。仕事ができ、自分で稼《かせ》げるのが「大人の条件」だとしたら、一五歳はもう大人として認められているようにも見える。

じっさい、遺言《ゆいごん》に効力が発生して、臓器のドナー（自分が交通事故などで脳死したとき、角膜《かくまく》や腎臓《じんぞう》、心臓などの臓器をその部位を重く患《わずら》っている患者《かんじゃ》に、移植のために提供する決断をする人）となれるのも一五歳からだ。

あるいは、保護者の承諾《しょうだく》があるのが前提だが、結婚《けっこん》して新たに家族を形成できる年齢で言えば、女性で一六歳、男性で一八歳だ。一家の主《あるじ》になる年齢を「大人の条件」とするなら、男女で格差があることにもなってしまう。

私は、こうした定量的、数値的アプローチより、定性的、心理的アプローチの方が、納得しやすいと考える。成熟社会では、たとえば一八歳という年齢で切ったところで、一人一人の成熟度の差が激しいからだ。

たとえば、こんな質問への答え方で測るのはどうだろう。

以下の各項目について、ヒトのカラダを「技術的」に変えることは許せるか、許せないか、ひとつひとつ自分のアタマで考えて、許せるものに○印をつけなさい。

①人相が変わるような化粧《けしょう》をする。②縮毛矯正《きょうせい》やパーマをかける。③髪を染《そ》める。④

体に穴を開けて、ピアスをする。⑤むだ毛を薬品や機械で抜《ぬ》く、そる。⑥永久脱毛《だつもう》する。⑦植毛する。⑧タトゥー（刺青《いれずみ》）をする。⑨ナイスボディをめざしサプリメントを飲みまくる。⑩プチ整形をする（二重《ふたえ》まぶたにする、ほくろをとるなど）。⑪見た目を良くするために薬品で歯を白くする。⑫近視を治すために目のレーザー手術をする。⑬長身になるためにホルモン注射をする。⑭スポーツで勝つためにドーピングをする。⑮妊娠《にんしん》中絶をする。⑯遺伝子操作を利用して再生医療《いりょう》（骨や神経や臓器などの壊《こわ》れた部位を補ったり取《と》り替《か》えたりする医療技術）を受ける。

あなたは、いくつ〇印がついただろうか？

許せないものは何もなかった人もいるだろう。一方で、いくつかに「許せない」と答えた人は、〇印がついた他の項目と比べて、どんな違いがあったから「許せない」としたのだろうか？

人間の欲望には、基本的にきりがない。そして、医療技術の進展にも果てはないかのように見える。その一方で、技術の進展と人間の「道徳観」との間には、どうしてもギャップが生まれるケースがある。生殖《せいしょく》医療技術の進歩による人工授精と「借り腹（あるいは代理母：妻以外の女性の子宮を借りて、人工授精した夫婦《ふうふ》の子をもうけること）」問題などはその典型だろう。

先に挙げた①から⑯も、人によって問題の捉《とら》え方《かた》が大いに異なるはずだ。化粧やパーマが認められるなら、ピアスや脱毛、植毛が認められないはずはない。サプリメントもホルモン注射もOKだというのなら、ドーピングも同じ範疇《はんちゅう》だ。それ相応の理由があれば妊娠中絶手術を認めるというのなら、遺伝子操作を利用した再生医療手術を拒否《きょひ》する根拠《こんきょ》はない……いや、それとこれとは問題が全く別だ、など。

こうした問題に、正解はない。

成熟社会においては、こんなふうにドンドン「一般解」すなわち、みんなが正解だと認める答えがなくなっていく。だから、いちいちのことに、大人としての決断が迫《せま》られる。

この手術を受けますか？　リスクはこれくらいでお金はこれだけかかりますが。この

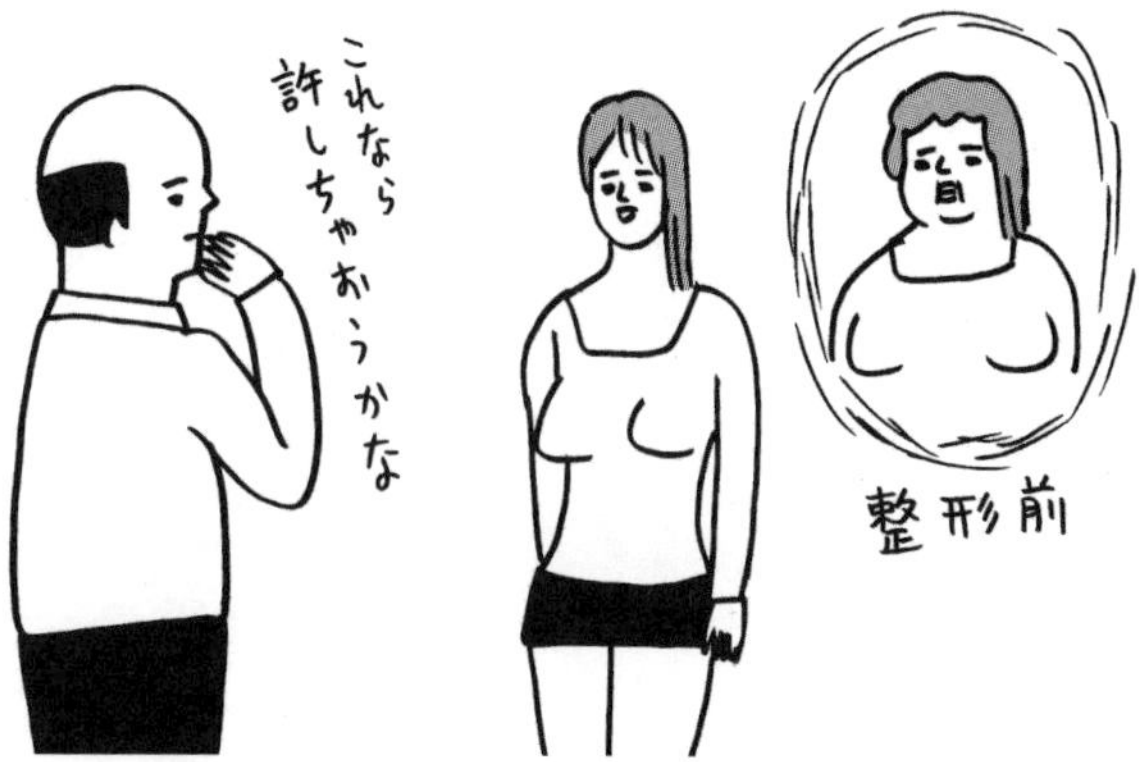
これなら
許しちゃおうかな
整形前

クスリを使いますか？　副作用の確率は一年以内に一五％ですが。

「みんながやっているから」は通用しなくなる。

だから、怖い。失敗したらどうしよう。はずれたらどうしよう、と揺《ゆ》れるのだ。いきおい、「正解」っぽい空気が溢《あふ》れるテレビの論調やブランドの評判に合わせがちだ。

でも、それでは、自立して生きる大人にはほど遠い。

自分自身で決断するのが恐《おそ》ろしい行為《こうい》であることは百も承知で、それでも、敢《あ》えて、「正解」ではなく「納得解」を求める態度。

そして、「納得解」を導くために、失敗と試行錯誤《しこうさくご》を厭《いと》わない行動力。

その勇気ある態度の継続と行動の蓄積《ちくせき》こそ、「大人の条件」なのではないか。

3　新しいものと古いもの

何でも新しいものを追いかけて、それを買う。

日本の経済を引っ張って来たのは「日本人の新しもの好き」な習慣である。

しかし、それは日本の底流に流れる文化かというと、ちょっと違う。戦後の復興とともに、たった五〇年くらいの間に、都市部を中心に根付いた習慣に過ぎない。もともと、日本人は古いものも大事にしてきたからだ。

日本はもう成熟社会に入って一〇年ほど経《た》っているが、今後四〇年くらいの間に、もっとしっとりした「古いものを大事にする」習慣が戻《もど》るに違いない。

その萌芽《ほうが》は、すでにいたるところに出てきている。

子どもたちは、カードゲームのカードやビデオゲームのカートリッジを売り買いして使い回す。ブックオフやアマゾンの利用を含《ふく》めて、ソフトの使い回しが若者の間に定着した。音楽がネットで配信されるようになったことで、古い音楽の再発見もジワジワと浸透《しんとう》している。ブランドものの二次流通を中心に、ネットでのオークションも当たり前になった。

新しいポロシャツやジーンズに「ヴィンテージ加工」を施《ほどこ》して、わざわざ破いたり、ほつれさせて着る。ファッションに現れたこの傾向は、「新しいだけでは格好悪い」という価値観の先兵である。

私は、ヨーロッパから戻ってきた一九九六年頃、「消費税が七％を超《こ》えれば、こうした傾向が顕著《けんちょ》になり、一五％になれば、完全に定着するだろう」と予言したが、いまでも、そのように信じている。たとえば、福祉《ふくし》目的税として一〇％と教育目的税五％を足して、ヨーロッパ並みに、消費税率が一五％程度になったらと想像してみよう（もちろんコメなどの生活必需品は低率のまま据え置かれることになろうが）。そうすれば、環境《かんきょう》やエコロジーについてそれほどうるさく言わなくても、すべての商品サービスについて、もっと上手に使い回す習慣が定着するだろう。

誰《だれ》だって、三〇万円のウエディングドレスを買ったら四万五〇〇〇円、三〇〇〇万円の新車を買ったら四五万円、建物部分が三〇〇〇万円の新築マンションを買ったら四五〇万円もの消費税を払わなければならないことには、ギョッとするはずだ。それだったら、納得できる値段で中古品を買い求めた方が賢い。

実際、新築マンションには、売り主や販売《はんばい》代行をする会社が使う広告費や営業費、事務費が乗せられて販売価格が決められている。たとえば、モデルルームを使って先行販売を行えば、モデルルームの建築コストと土地の賃借料で通常一億円はくだらない。総戸数五〇戸のマンションだったとすると、一戸当たり二〇〇万円のコストが乗っている計算になる。この他に、本社の事務経費や営業マンの人件費、テレビ広告費やチラシによる販促費《はんそくひ》も価格に乗ってくる。新築マンションを買うと、買った瞬間《しゅんかん》に二〜三割価値が落ちると言われるのはこのためだ。

ただし、土地の格が上手く引き出され、企画力《きかくりょく》とメンテナンス力が相まって付加価値がついている物件は、この限りではない。一戸一戸の機能的な価値の足し算より全体としての付加価値が上まわって、資産価値が保たれるからだ。

そういう、資産価値が安定しているマンションを数年落ちで買い求めた方が、新築を無理して買うより得だというようになるだろう。新しい時計をして、新しいクルマを買い、新しいマンションに住まうダンディな男……「エーッ、まだ、そんなのが粋《いき》だと思ってんの？　カッコ悪いジャン！」と女性陣《じょせいじん》に笑い飛ばされる時代がやがて来る。

環境問題やエコロジーについて真面目《まじめ》に考える人であればあるほど、新しく環境にいいエコプロダクトを買い求めるのと、今持っているものを使い回すのと、どちらが本当に地球にとっていいのか、つまり、総エネルギーの消費効率がいいか、迷うことにもなるだろう。

ちなみに、私がしている時計は、中学生のときに親に買ってもらったセイコーのロードマチック。もう四〇年になる。あと一〇年がんばって付き合えば、五〇年もののビンテージになるかなあ、などと考えている。子どもに譲《ゆず》って二代、三代と使い回せば、一〇〇年ものの骨董《こっとう》（クラシック）の仲間入りも？

しかし、実際には修理代がばかにならない。四〜五年に一回はどこかが壊れて修理が必要だ。購入《こうにゅう》価格はたしか一万五〇〇〇円くらいだったと記憶《きおく》しているが、オーバーホールすると一回一万円は下らないから、これまで一〇万円以上使ったはずだ。これからのことを考えれば、一〇万円で五〇年くらい使える時計を買い求める手もあるとは思う。

クルマは、二〇年目を迎《むか》えるブルーバードのセダン。まだ五万キロも走っていないの

コント？
プッ

で、快調そのもの。これだと、家族の誰かが車庫入れのとき壁《かべ》に少々こすっても、犬が後部座席を汚《よご》してしまっても、気にならない。一〇年前に純正のエアコンが壊れ、取り替えるとても高いからそのままにしておいたのだが、クルマのエアコンも安くなったとかで、こちらも快適な状態に戻った。ただし、排《はい》ガスは一九八八年規制適合車だから、ほとんど乗らないとはいっても、ちょっと気になる。

状態のいい新古車に切り替えるか、走らなくなるまで乗《の》り潰《つぶ》すか。環境のことだけを考えて排ガスを気にすれば、新しいクルマを買うことになる。そうすると、二〇年も乗ったクルマに乗《の》り換《か》えてくれる人はいないだろうから、大きな粗《そ》大《だい》ゴミを出す結果になってしまう。メーカーが部品のリサイクルシステムを整えるより前のクルマだから余計、心配だ。

外食するときのレストランや飲み屋も、メディアの宣伝に乗って、それを追いかける「追っかけメシ」は、もう、そろそろ「Out of Fashion」になるだろう。どこどこの雑誌に載《の》っていたフランス料理店とか、テレビで有名人がお薦《すす》めしていたイタリアンとか、たいして美味《うま》くもないのに列に列《なら》ぶことだけが生き甲斐《がい》の人が行く寿司屋《すしや》やラーメン屋とか。そんなとこに行ってる場合じゃないでしょうという、眼差《まなざ》しの深い人が増えてくる。

「地方自治の時代」とか「商店街の活性化」などというキャッチフレーズを振《ふ》りかざさなくとも、お洒落《しゃれ》な人たちは、とっくに地元に戻っている。接待でさえ、粋なのは「地元の馴染《なじ》みの店」でもてなすこと。接待されることに慣れている人たちは、もう、「追っかけメシ」では飽《あ》き足《た》らないからだ。

私の場合で言えば、中学校に来るゲストには、生徒と一緒《いっしょ》の給食を食べてもらう。そうすると、銀座や赤坂で毎晩のように接待されているような方々でも、三〇〇円の給食の珍《めずら》しさと美味《おい》しさに感動してくれる。中学校という舞台設定の懐《なつ》かしさもあるだろう。

もちろん、全てのおもてなしは、自宅での手料理にはかなわない。

4　夢と自由

「夢」も「自由」も甘美《かんび》な言葉だ、と思う。

ところが、油断すると人間は、「夢」に踊《おど》らされちゃったり、「自由」の奴隷《どれい》になってしまったりする。

この項目だけは、ものすごく抽象的《ちゆうしようてき》な話になるが、勘弁《かんべん》してもらいたい。そのかわり、最近ちびっ子の間でもブームになっているゴルフを例にとって話をしよう。

小さい頃《ころ》から「夢を持て！」とか、「大きな夢を実現する大人になれ」と言われて育つと、ついつい「夢」を持たなければ生きていけないのか、と勘違いする。

結果、「私には夢がない」という恐怖《きようふ》に打ちひしがれ、「夢の不在症候群《しようこうぐん》」にかかってしまう。ただでさえ、スポーツ界ではイチローや中田伝説が喧伝《けんでん》され、偉人伝《いじんでん》にはエジソンや松下幸之助《こうのすけ》の小さなころからの夢が載せられているから、夢を追いかける姿が当たり前のように思えてくる。

しかし、はっきり姿を持った「夢」を持ち、それを追いかけている大人は、世の中にどれほどいるだろうか。むしろ、大半は、日常の試行錯誤の中に、「夢」というほど格好良くはないけれど、霧《きり》の中でときどき薄日《うすび》が射《さ》す方向が見えて来ることもある、というように生きている。

だから、子どもたちも、安心してほしい。

私などは、こう考えている。

成熟社会というのは変化の激しい社会だ。あらゆるものごとが霧がかかったように不明確なので、自分の足で一歩一歩踏《ふ》みしめながら歩くしかない、と。

ゴルフにたとえれば、グリーンが見えないのだから、とにかく前だと思う方向にむかって打ち続ける。やがてグリーンに近づいても、変化の激しい社会では、カップ（各ホールのグリーンに切られているゴールの穴、通常は旗《はた》が立っている）までが動く（断っておきますが、本当のゴルフではそんなお茶目な仕掛《しか》けはないですよ）。だから、とにかく何度も打ち続けて、近づいたら叩《たた》き込《こ》むしかない。そうしてさっさと次のホールに向かう。

人生というゴルフコースは一八ホールでは済まないからだ。でも、そうして何ラウンドも回っているうちに、打ち方に慣れてきて、クラブの選択も堂に入ってくる。技術と経験が蓄積されて、次の一打のイメージがドンドンつかめるようになる。

それが五〇ホール目なのか、一〇〇ホール目なのかは人によって異なるが、「次の一打のイメージがはっきりしてくる」状態を「夢がある」と表現するのだ。

この場合の「夢」とは、前に打ち出す勇気があり、打ち続ける体力と気力があり、ともに打ち続ける仲間がいる、というほどの意味だろう。

打ち続けて行った先に、他人があなたの打ってきたゴルフコースの軌跡《きせき》を見て、「夢がある人」と呼ぶのだと思う。技術や経験が不足していて、いま「夢」という名のゴールが見えないのは、当たり前のことなのである。なにも心配はいらない。

では「自由」のほうは、どうだろう。

みな「自由」になりたくて右往左往しているのだが、なかなか、これがつかめない。

私はこう考える。

「自由」になるためには、やっぱり技術と経験を蓄積して、クレジットを高めるしかない、と。クレジットとは、他人から与《あた》えられる信頼《しんらい》と共感の総量のことだ。信頼と共感をひとことで「信任」と呼ぶこともできる。だから、クレジットとは、他人から与えられた信任の量だということも。

学校での勉強や、会社での仕事も「クレジット」を高めるためにやっている。

さきほどのゴルフのたとえで言うのなら、打ち続けることで技量のようなものが蓄積するだろう。その技量に応じて、一緒にコースを回っている友人から与えられる「ここは、任せよう！」という信頼感が増す。それが「クレジット」だ。

「他人から与えられた信任の総量」が大きければ、自分の行動の自由度が上がることは誰にでも分かるだろう。信任のある人には質の高い情報が集まるし、他人からの助力を受けやすい。ゴルフであれば、選択肢がいく通りにも増え、自由な攻《せ》め方《かた》が可能になる。

そうすれば、どんな「夢」でも実現しやすくなるはずだ。

あなたが「夢」を追うためにも、もっと「自由」になるためにも、技術と経験を蓄積するのが王道なのである。

このとき、大事な言葉がもう一つ。

「自由」の裏腹である「責任」という言葉だ。

「責任」を引き受ける仕事の仕方をしなければ、「技術」は蓄積しないだろう。「経験」の蓄積も豊かにはならない。中学校での部活や生徒会やテスト勉強でも、PTA活動や地域でのボランティアでも。サラリーマンや官僚《かんりょう》の仕事であれ、一国の大統領や首相《しゅしょう》の仕事であれ、同じことだ。

「責任」に裏打ちされていない「自由」は、ただの「奔放《ほんぽう》」にすぎない。

それでは、クレジットが貯《た》まらない。それどころか、たいていの人間は「奔放」さに耐《た》えられない。ただ「自由」な状態は、人間に恐怖感を与えさえするのである。あなただって、三六〇度どの方向へ打ってもいいよと闇夜《やみよ》のゴルフ場に置き去りにされたら、その恐怖は想像に難《かた》くないだろう。

「責任」を引き受けて、はじめて、その「自由」な行動はクレジットに変わる。

ゴルフなら、一打一打に納得感があるかどうか、ということ。

「大人と子どもの違いは何か？」のところで話したが、大人は「正解」ではなく「納得解」を探せるチカラで勝負する。ただの遊びならどう打ってもいいのだが、クレジットを上げるためのゴルフなら、一緒に回っている友人たちや関係者がともに納得する打ち方をすることだ。一人遊びなら、それはいらない。

日本の教育には「自由」は叫ばれるが、その裏腹の「責任」の感覚が教えられていない。だから、和田中では「自立貢献《こうけん》」を教育目標にした。

貢献することは自立の前提だからである。市民には貢献する責任があるのだ。

5　病気とクスリ

日本には、病気の人が多くなった。

サラリーマンだけではなく、官僚にも、教員にも、主婦にも。最近話題に上ることが多くなった「モンスターペアレント」や「クレーマー」も、「ストーカー」と同じように病気の一種ではなかろうか。自分の子は給食費を払っているのだから、いちいち食べる前に「いただきます！」とお礼を言わせるな、とか。逆に、頼《たの》んだ覚えはないとして、十分な経済力があるのに給食費を滞納《たいのう》するとか。

いっぽうで、障害を持つ人も増えたように思う。お年寄りが増えたのだから、足が不自由だったり、寝《ね》たきりになる人が増えるのは当然だ、というかもしれない。だが、この傾向は、お年寄りだけではない。

たとえば、軽度発達障害を持つ子どもは、全ての小中学校平均で六％を超えていると言われる。いわゆるＬＤ（学習障害）、ＡＤＨＤ（注意欠陥《けっかん》多動性障害）、アスペルガー症候群、高機能自閉症などである。しかし、考えてみれば、昔から教室には、障害のある子は当たり前にいた。いちいちなんとか障害とか、なんとか症と名付けられていなかっただけで、ふつうに一緒に学習した。だが今は、自治体の対応がきめ細かくなって、軽度の発達障害のある子には特別支援《しえん》教育が施されるようになった。

病気も障害も、研究が進展し、発見され名付けられることで増えていく。医者が増えれば病気という診断《しんだん》が増え、カウンセラーやケアマネジャーが増えれば障害という認定が増える。

批判しているのではない。成熟社会とは、そういうものだということ。

かつて、組織にまつわる「パーキンソンの法則」が話題になったことがある。

「官僚組織というものは必ず肥大するものだ」という一般原則。パーキンソン博士の指《し》摘《てき》だ。簡単に言ってしまえば、有能な官僚は自分の勢力範囲ないし権力の領域を拡大しようとするし、無能な官僚は自分では仕事ができないから部下がいっぱい必要になる。したがって、どちらにしても組織は拡大する、というもの。

これに似ている。クスリの数だけ病気の人が増える、ともいえそうだ。

コンビニに売っているサプリメントの例を出すまでもなく、個人の健康維持《いじ》が機能主義に陥《おちい》って、とにかく「足りないものを補おう」とする。メーカーもそれを煽《あお》っている。

「これにはコレ、それにはソレ、あれにはアレ」というように。二週間ほど休暇《きゅうか》を取って山か海にでもいけば、スッキリするかもしれないのに。抗菌《こうきん》グッズや無菌なんとか、の類《たぐ》いも増えてきた。このままだと、菌に弱い子も増えそうだ。もうちょっと、鷹揚《おうよう》で、泰然《たいぜん》としていて、寛容《かんよう》な生き方や育て方はできないかなあ、と正直思う。

いっそのこと、こんな考え方はどうだろう。

みんな、なんらかの病気であり障害があると、お互い認めてしまう生き方だ。大人も子どもも、「すべての人間は障害者である」と。

私自身、眼鏡をはずせば視力は○・○一とかで、視力検査表の一番上の丸もかすんで見えない。家族性の高脂血症《こうしけつしょう》だから、やせているのにコレステロールは人の三倍、中性脂肪も二倍はゆうにある。分けてあげたいくらいだ。

「すべての人間は障害者である」

こう考えてしまえば、「健常」であることを前提として「足りないもの」を数えるように生きる習慣は弱まるだろう。足りないものを補わないと気が済まないという「サプ

ママー
はずしていい?
ダメよ!
外は菌で
いっぱいよ!

リメント症候群」も治るかもしれない。替わりに、障害があることを前提として、これもできる、あれもできる、とプラス思考で生きられる。

赤ちゃんを見れば明らかなように、自分では立てないし食事もとれないから、母親による手厚い介助《かいじょ》が必要だ。

このことからも「みんな障害を持って生まれてくる」と表現することができる。そして、最後にはまた、目が悪くなったり、足が不自由になったり、なんらかの障害のある姿で死んでいく。赤ちゃんのように、元の姿に戻るだけだ。寝たきりになるのも、当たり前のことのように思えてくる。

その間に、しばらく「障害のない」期間があることもある、と考える。

障害（ディスアビリティー）があるのが当たり前の姿で、「テンポラリー・アビリティー（たまたま障害のない）」期間もあるというわけだ。私のオリジナルではなく、介護のプロである友人から聞いた。

そう考えれば、それほど、病気や障害やナントカ菌に対して、過剰《かじょう》に神経質にならずに済みそうだ。もともと病気であり、障害があり、菌もけっこう体の中に養っている自分なのだから。

もちろん、医師や製薬メーカーには、私だって相変わらずお世話になるのだけれど。

あとがきにかえて

毒のある本にしたい、と思った。
日本が陥《おちい》っている「思考停止状態」を解除するための毒である。
だから、この本を読んだ人は、少なくとも、この国を覆《おお》う思考停止の呪縛《じゅばく》からは自由になるだろう。その解毒《げどく》作用が若い読者自身にも、大人の読者の子育てにも効《き》いてくれることを、筆者は願ってやまない。

読者には、この本を読むことで、「成熟社会」の本質が透《す》けて見えてきたと思う。この理解は、何よりも大事だ。「成熟社会」の本質が分かっているかどうかで、自分の人生の振《ふ》り方《かた》や子育てがまったく異なる様相を呈《てい》するはずだからだ。

しかし、まだ「成熟社会」というものの姿をまるで理解していない政治家や官僚《かんりょう》もいらっしゃるようなので、ここで整理しておきたい。そのほうが、この「あとがき」から先に立ち読みしている方々や、本文を読み終わってちょうどそこを復習したかった読者にとっても、都合がいいだろう。

一昔前までは、国家があり、会社や団体や組合のような仕事上の組織があり、地域社会や家族のような共同体があり、個人があった。私たち個人はおおむね、家族を含《ふく》めた三層構造で守られていたわけである。

しかも、ほとんどの人々が共有できる個人目標のイメージがあった。「学校でいい成績を取って会社や団体に入ると必ず成功する」という「成長社会」独特の神話だ。じっさい経済社会が成長している限りは、この目標はおおむね達成されることになる。だから、日本人は頑張《がんば》れた。これが「平和で安全便利で、長生きできる国づくり」という国家目標と相まって、日本の国と日本人を引っ張ってきた。

この間、学校は、産業界にひたすら「情報処理力」が高い人材を輩出《はいしゅつ》することで、個人目標と国家目標の二つに同時に応《こた》えることが可能だった。それで、家族からも国からも会社からも信任され続けてきたのである。

ところが、「成熟社会」に入ると、この状況《じょうきょう》は一変する。

まず、国家や企業《きぎょう》が一人の人生を一生涯《いっしょうがい》支えきれないことが明らかになった。年金や健康保険を例に出すまでもなく、永遠に支え続けられるかのように勘違《かんちが》いされたのは、国民全体の平均年齢《ねんれい》がベビーブームにより戦後一貫《いっかん》して低かったからだ。全体が高齢化すれば、払《はら》う側より貰《もら》う側が増え、バランスがマイナスに崩《くず》れる。当たり前の理屈《りくつ》だ。

同時に、経済社会全体の押上《おしあげ》効果によって個人の自由度が増し、共同体の箍《たが》が緩《ゆる》み始めた。地域社会は商店街の衰退《すいたい》とともに、ほとんどの都市部でパワーを失っている。家族でさえも、その自然な結束力を失って久しい。かつて社会的な情報のすべてを握《にぎ》って君臨した家長の姿は今はもうない。テレビやネットを中心にした情報化によって、子どもにも主婦にも情報が同時に受《う》け渡《わた》されるようになったからだ。父親と学校の先生が、こうした情報化によって、自らの教育力を低下させ、無条件の信任を失うことになる。

そして、個人がバラバラに動き始める時代が始まった。

なぜか？

経済力の向上に並行して、家事の電化、外注化が起こり、カンタン便利な食べ物の開発がなされ、コンビニが隆盛《りゅうせい》し、家族でしなければならない仕事が減少した（たとえば農作業や家内制手工業など）結果、一人一人が自由に動ける条件が整ったのだ。

また、個人がバラバラに動き始めれば、価値観はそれぞれに多様化してくる。

じっさい、成熟社会では、家族の中でさえ、利害関係が対立する局面が多くなる。一家のお父さんは金利の上昇《じょうしょう》を「住宅ローンの金利が上がる」と嘆《なげ》くが、オジイちゃんは年金や預金金利に関心がむくから、それを歓迎《かんげい》するだろう。円高の影響《えいきょう》も多様だ。クルマメーカーに勤めているお父さんには厳しかろうが、ハンバーガー店でアルバイトをしている娘《むすめ》の待遇《たいぐう》はよくなるかもしれない。外貨建て預金をしているオバアちゃんは悔《くや》しがり、海外旅行に行ってきた息子《むすこ》は得をした気分になる。

典型的な道徳話である「ウサギとカメ」の逸話《いつわ》も、その教訓はただ一つの正解「ウサギは速かったのにサボって損をした。のろくても一所懸命《いっしょけんめい》に歩いたカメが偉《えら》い！」に収《しゅう》斂《れん》しない時代が訪《おとず》れる。変化の時代には、ビミョーに解釈《かいしゃく》が多様化するのだ。

「レースに勝つのが目的の場合にのみ、カメが偉いと言える。レースを楽しんだのは、果たしてどちらだろうか？　むしろ、ウサギの方ではなかったか？」

「明らかに足の速いウサギが、カメに勝たせる思いやりを発揮しただけ。ウサギは偽善《ぎぜん》者《しゃ》として評判になるのが嫌《いや》だったから、わざと悪者を装った」

「先の長いレースだ。この一レースで終わりならカメの勝ちだが、次のレースではウサギは今回の教訓を生かすだろう。一〇本勝負だったら？　人生と同様に一〇〇レース以上あったら……と考えると、休めるときに休もう、がむしろ納得解《なっとくかい》ではないか」

ややや、へ理屈の類《たぐ》いも混ざっていたかもしれない。が、そのように、変化が激しく、一人一人の価値観が多様化する成熟社会では、複眼的な発想、柔《やわ》らかい考え方を生み出す「情報編集力」が大事になる。

日本という国の将来の姿も、「とにかく経済力を」とか「もっと国民所得を」というような単純なものではなくなってくる。こうなると、国が描《えが》く「大いなる成長物語」に身を任せているわけにはいかない。流されていれば、そこそこの幸せがつかめる時代が終わったからだ。

今の子どもたちの不幸は、親の背中を見ても参考にならないこと。現在四〇代、五〇代の親たちは、自営業の子は自営業、公務員の子は公務員、教師の子は教師、医者の子は医者になることも多かった。親のように生きると同じような幸せがつかめるイメージが、まだあった。でも、成熟社会では勝手が違う。子どもが同じようにキャリアを積んでも、同じような幸せはつかめない。それほど、変化が激しいからである。

個人にとって、生身で生き抜《いぬ》くのが難しい時代になった。もはや、三層で保護されてはいないからだ。とっくに成熟社会を迎《むか》えている多くの先進国でも、同様に家族の結束が崩れ、組織の箍も緩んでいる。しかし、その代わりに、個人がつながることを保障しているものがある。教会を核にした地域社会のネットワークだ。

一人一人がバラバラに生きて行くというのは、一見自由で楽しいように聴《き》こえるが、じつは恐《おそ》ろしいことなのである。ゴルフコースをたった一人で回るようなものだからだ。

普通《ふつう》は、そんな孤独感《こどくかん》には誰《だれ》も耐《た》えられない。

だから、宗教が、その一人一人のつながりを保障する時代が続いた。

人間が生きるには、どうやら、そうした中間集団が媒介《ばいかい》することがだいじらしい。

「宗教」という言葉は英語で「religion（レリジョン）」。これは「religio（レリジオ）」というラテン語が語源なのだと言う。「religio」のもとの意味は「つながる」という意味だそうだ。そういえば、「relation（リレーション）」は「関係」、「relatives（レラティブス）」は親類、「relay（リレー）」はリレー競走で文字通りバトンを「繋《つな》ぐ」ことを意味する。

「成熟社会」では、個人の意思に関《かか》わりなく、人はバラバラに生きることになる。その恐怖《きょうふ》を乗《の》り越《こ》えるために、日本という国でも国家として宗教を動員することは可能だろうか？

まず無理に違いない。だとすれば、替《か》わりに、どんな社会システムを築く必要があるだろう。

本文でも詳述《しょうじゅつ》したように、今はケータイネットワークによる希薄《きはく》な繋《つな》がりが、若者の空虚感《くうきょかん》を一時的に癒《いや》してくれているように見える。しかし、これが一時の誤魔化《ごまか》しであることに変わりはない。

孤独に生きる個人を支えるネットワーク。

その必要条件は、諸外国でのキリスト教やイスラム教の「教会」のような機能を持つネットワークであること。つまり、経済合理性や「勝ち組、負け組」といった論理ではなく、地域社会における貢献《こうけん》や人間の「格」を保障するネットワークであることだ。

では、十分条件はなにか。

それは、この国の成熟社会を支える市民が共有すべき「新しい道徳観」を醸成《じょうせい》する機能だ。

家長が取り仕切る強権的な家族や、農村社会のような密着度の高い共同体は崩壊《ほうかい》して久しいから、感情的に押し切るような「古い道徳観」では機能しない。バラバラな個人が、それでも、守ることを共有するほうが何らかの益があると考えるような、理性的なルールが必要だろう。

「感情的な道徳観」から「理性的な道徳観」へのシフトチェンジが必要なのである。

であれば、子どもたちの教育も変わってくるはずだ。

小学校の低学年なら、お話を聴かせる従来型の「道徳」の授業でもよいとして、高学年や中学校からは、むしろ「理性の運用技術（リテラシー）」を教える必要がある。「正解」のない成熟社会を生き抜くための「納得解」の導き方を教えなければならない。

それが「新しい道徳」である。

もう、読者は理解したに違いない。

復興すべきは「美しい日本」という国の姿ではない。

日本という国の自然は、もともと十分に美しいからだ。

それより、むしろ一人一人の「美意識」のようなもの。新しい国づくりは、一〇〇年以上前の前例に習って、まず「人づくり」から始めなければならない。

真に復興すべきは、コミュニティに生きる人々の「美意識」。

だから、教会の替《か》わりに、学校を核《かく》にして地域社会を再生していく努力が望まれるのである。

日本では、もし「教会」の替わりが務まる組織があるとすれば、それは、「学校」しかないからだ。

編集担当　四條詠子

chikuma primer shinsho

ちくまプリマー新書072
新《あたら》しい道徳《どうとく》
二〇〇七年十二月十日　初版第一刷発行

著者　藤原和博（ふじはら・かずひろ）
装幀　クラフト・エヴィング商會
発行者　菊池明郎
発行所　株式会社筑摩書房
東京都台東区蔵前二－五－三　〒一一一－八七五五
振替〇〇一六〇－八－四一二三
印刷・製本　株式会社精興社
ISBN978-4-480-68773-9 C0212　Printed in Japan

乱丁・落丁本の場合は、左記宛に御送付下さい。
送料小社負担でお取り替えいたします。
ご注文・お問い合わせも左記へお願いします。
筑摩書房サービスセンター
〒三三一－八五〇七　さいたま市北区櫛引町二－六〇四
電話〇四八－六五一－〇〇五三